LÁZARO DE MELLO BRANDÃO

SENDA DE UM EXECUTIVO FINANCEIRO

LÁZARO DE MELLO BRANDÃO
SENDA DE UM EXECUTIVO FINANCEIRO

Celso Castro e Sérgio Praça (org.)
Depoimento à FGV/CPDOC

Copyright © 2017 Celso Castro e Sérgio Praça

Direitos desta edição reservados à
EDITORA FGV
Rua Jornalista Orlando Dantas, 37
22231-010 | Rio de Janeiro, RJ | Brasil
Tels.: 0800-021-7777 | 21-3799-4427
Fax: 21-3799-4430
editora@fgv.br | pedidoseditora@fgv.br
www.fgv.br/editora

Impresso no Brasil | *Printed in Brazil*

Todos os direitos reservados. A reprodução não autorizada
desta publicação, no todo ou em parte, constitui violação
do *copyright* (Lei nº 9.610/98).

*Os conceitos emitidos neste livro são de inteira
responsabilidade dos autores.*

1ª edição – 2017

Preparação de originais: Ronald Polito
Assistente de pesquisa: Gabrielle Cosenza
Revisão: Fatima Caroni
Diagramação e capa: Ilustrarte Design e Produção Editorial

Ficha catalográfica elaborada pela
Biblioteca Mario Henrique Simonsen/FGV

Brandão, Lázaro de Mello
    Lázaro de Mello Brandão: senda de um executivo financeiro / Lázaro de Mello
Brandão ; Celso Castro e Sérgio Praça (org.). – Rio de Janeiro : Editora FGV, 2017.
    128 p. : il.

    Depoimento à FGV/CPDOC.
    ISBN: 978-85-225-1937-8

    1. Brandão, Lázaro de Mello. 2. Banco Brasileiro de Descontos. 3. Executivos
financeiros – Brasil – Biografia. I. Castro, Celso, 1963-. II. Praça, Sérgio, 1981-. III.
Fundação Getulio Vargas. III. Título.

CDD – 923.3

Sumário

Apresentação: *Celso Castro e Sérgio Praça* — 7

A infância no interior de São Paulo — 11

O ingresso na Casa Bancária — 17

Amador Aguiar assume o Bradesco — 25

A mudança para a capital, o casamento
   e a vida na metrópole — 43

A mudança para a Cidade de Deus — 49

Duas paralelas: a ascensão na carreira
   e o crescimento do banco — 63

Assumindo o comando — 77

O Bradesco e a concorrência na disputa pela liderança — 91

Vida pessoal, quando há... — 103

Olhando para o futuro do Bradesco e do Brasil — 111

Posfácio: *Lázaro de Mello Brandão* — 121

Apresentação

Celso Castro e Sérgio Praça

Este livro tem sua origem em uma entrevista de história de vida com Lázaro de Mello Brandão, um dos mais importantes executivos financeiros da história recente do Brasil.

Criado em 1973, o Centro de Pesquisa e Documentação de História Contemporânea do Brasil (CPDOC), hoje Escola de Ciências Sociais da Fundação Getulio Vargas, tem como uma de suas missões a constituição de um acervo de entrevistas com pessoas que tiveram atuação de destaque no cenário nacional. Nesse sentido, já realizamos centenas de entrevistas com personalidades dos campos político, empresarial ou intelectual. É nesse contexto mais amplo que se insere a iniciativa de entrevistar o senhor Lázaro, com sua experiência de décadas no comando do Bradesco.

Senda de um executivo financeiro

Convencê-lo a nos dar a entrevista não foi, contudo, tarefa fácil. O contato inicial foi feito por intermédio do ex--governador Paulo Egydio Martins, colaborador de longa data do CPDOC, que nos convidou e a nosso futuro entrevistado para um almoço em sua casa, em 11 de setembro de 2015. Apesar da exortação apaixonada que o senhor Paulo Egydio fez para que o senhor Lázaro nos desse uma entrevista ao CPDOC, nada ficou então acertado.

Passaram-se vários meses até que, em maio de 2016, tivemos a grata surpresa de receber um telefonema do senhor Paulo Egydio dizendo que o senhor Lázaro lhe comunicara que havia aceitado nos dar uma entrevista. Entramos imediatamente em contato e, após duas reuniões iniciais em Osasco em junho, nas quais conversamos sobre como seria o processo de entrevista, realizamos quatro sessões gravadas entre os dias 18 de julho e 4 de outubro, as três primeiras em Osasco, a última na FGV, no Rio de Janeiro.

O material resultante foi transcrito e em seguida editado já em forma de livro. A edição visou principalmente a organizar numa sequência em parte cronológica, em parte temática, informações que se distribuíam em diferentes sessões de entrevista, construindo uma narrativa final mais fluida para os futuros leitores. Nosso entrevistado reviu de maneira cuidadosa e dedicada todo o material, fazendo correções e sugerindo algumas modificações. Foi dele a sugestão do título, pois via sua trajetória como o trilhar de uma "senda" — um caminho estreito e marcado por dificuldades.

Apresentação

Ao final, a nosso pedido, forneceu as fotografias que incluímos no livro.

Discreto e reservado ao falar de sua vida pessoal, o senhor Lázaro se tornava fluente e apaixonado ao falar do Bradesco, sua casa durante 74 dos seus 90 anos de idade. O entrelaçamento da narrativa de sua vida com a própria história do banco ficará evidente ao leitor do livro.

Muitas vezes, ao longo desse período, o senhor Lázaro nos perguntou se víamos interesse em registrar sua história. Por mais que insistíssemos que sim, desconfiamos que só aos poucos ele se deu conta de que a entrevista — e o futuro livro, que já antevíamos — seria menos fruto de vaidade pessoal do que um documento histórico importante para o próprio banco. Tratava-se, acima de tudo, de registrar o que ele percebia como os momentos mais importantes, as características marcantes e os valores centrais da instituição a que dedicou praticamente toda sua vida. Desse modo, a ideia de deixar um legado para o Bradesco, mais do que uma memória de sua vida pessoal, acabou prevalecendo.

De nossa parte, foi uma grande satisfação entrevistá-lo, tanto pela cordialidade e dedicação que demonstrou ao longo dos diálogos que estruturaram a entrevista e posteriormente a edição do livro, quanto também pelo resultado desse processo. Acreditamos que as páginas seguintes permitem compreender melhor, na perspectiva de um personagem fundamental, a história de um dos principais bancos brasileiros.

Lázaro Brandão na juventude,
1 jan. 1939. Acervo Bradesco

A infância no interior de São Paulo

Doutor Lázaro, gostaríamos de começar conversando sobre a sua infância. O senhor nasceu em Itápolis, não foi?

Sim, perto de Araraquara. Meu pai administrava uma propriedade lá. Mas, bem na minha infância, ele foi para Lins. Um fazendeiro que era seu amigo — naquele tempo chamavam os fazendeiros de coronéis — o convocou para administrar uma fazenda dele em Lins, chamada Diamante, que ainda existe. Naturalmente, ela mudou de dono, mas ainda existe. Era produção de café, hoje é mais pecuária.

Seu pai, José Porfírio Bueno Brandão, sempre trabalhou como administrador de fazendas?

Senda de um executivo financeiro

Sim, a vida dele foi sempre na agricultura. O pai dele, que não conheci, lidava com a área agrícola e ele se formou e se preparou para administrar. Tinha muito jeito, conduzia muito bem. Acho que dava bem conta do recado. Mas sem estudo, naturalmente, para novos passos.

Quantos filhos seus pais tiveram?

Éramos seis. Atualmente, somos três. Sou o penúltimo. Dois homens, um irmão faleceu, e quatro irmãs, duas também já falecidas. Então somos, no momento, eu e duas irmãs.

Sua mãe, Anna Helena Mello, era dona de casa?

Só dona de casa.

Quais são as suas lembranças de infância?

Mais de colegas da área rural, depois da cidade, em Vera Cruz também, e convivendo com o pessoal de Marília. Havia uma convivência recíproca ali. E gente que muitas vezes tinha, também, um preparo para futuro — uns, mais abonados; outros, menos —, mas era uma convivência da juventude.

E a sua família, o senhor colocaria entre os mais ou os menos abonados?

A infância no interior de São Paulo

Menos abonados. Vivia muito bem, com muito discernimento e disposição, mas limitada pela natureza da atividade que exercia.

Seus pais viveram até quando?

Meu pai até 70, e minha mãe 80 anos.

Onde o senhor aprendeu a ler e escrever?

Primeiro na escola rural, depois passei para o grupo estadual e para o Ginásio Diocesano de Lins.

Seus irmãos também estudaram nas mesmas escolas?

Praticamente, com pouca diferença. Mas não tinham a mesma disposição ou oportunidades.

Nessa época, quais eram suas perspectivas de carreira?

Nessa altura, estava imaginando como é que me posicionaria para ter uma vida muito mais controlada, confortável, ou poder realizar alguma coisa mais objetiva. Comecei a me preparar para ter uma atividade, para ter, naturalmente, condições de me alçar por conta própria. Eu tinha essa vontade. Não ia ficar na propriedade rural, não fazia sentido. Para meu pai, sim, porque era a vida dele.

Senda de um executivo financeiro

E o que se descortinava nesse período? Com 12, 14 anos, o que despontava para mim, que achava que me agradava, ou que dava um certo prestígio na sociedade, era trabalhar em banco, particularmente no Banco do Brasil, que tinha todas essas características: estabilidade, respeito da comunidade...

Por coincidência, tinha um contraparente em Matão, que é perto de Araraquara. Ele era contador da prefeitura local, mas gostava de atividades paralelas e preparava a mocidade que tinha interesse para o concurso que o Banco do Brasil realizava periodicamente. Ele me convidou para ir a Matão, participar de um curso que ele promovia, e até me abrigou na casa dele, para mais conforto. Fiz esse curso de meses, repassando muita coisa: redação, datilografia, algumas regras da atividade bancária. Era uma coisa mais sumária.

Nesse período em que estive lá, o curso era noturno e ficava contrariado de ter o dia livre. Então, uma fábrica de produtos agrícolas, Bambozzi & Cia., me deu oportunidade para entrar como estagiário e trabalhei alguns meses lá. Posteriormente, mandaram o registro do tempo em que tinha me dedicado a essa atividade provisória.

Nessa fase a fazenda foi vendida e meu pai se deslocou, porque ele tinha parente em Vera Cruz, que é perto de Marília. Indo para Vera Cruz, ainda estava na expectativa de esperar o concurso do Banco do Brasil. Lá a comunidade se entrelaçava, tinha os contatos habituais, e um dos cidadãos que tinha uma familiaridade, uma proximidade com a Casa Bancária Almeida & Cia., disse: "Você se preparou, entra na Casa Bancária aqui porque você vai, naturalmente, se sobressair".

A infância no interior de São Paulo

Eu falei: "Não, isso não me agrada, porque quero uma coisa de mais largueza". "Mas é só enquanto você espera o concurso do Banco do Brasil. Quer dizer, não é que você vai entrar definitivamente para a Casa Bancária." "Bom, isso faz sentido."

Prestei o concurso e me deram uma boa classificação. A Casa Bancária tinha cinco agências na redondeza. Estavam programados para abrir em Tupã, e tinham decidido que dotariam a nova agência de funcionários que removeriam de Pompeia. Tudo próximo. Então, teria que ter paciência. Mas, nesse ínterim, poderia fazer um estágio em Vera Cruz, na Casa Bancária. Então, fiz um estágio de uns quatro ou cinco meses lá, esperando abrir em Tupã.

Como era sua rotina nesse início de vida profissional?

Quando tive a oportunidade de ir para Vera Cruz estagiar, esperando a abertura de agência, queria informações detalhadas de todo o procedimento da área de contabilidade, de relacionamento, de convênios, e o pessoal dizia: "Tenha calma, vai devagar...". Mas ficava aflito e executava muita coisa. Uma tarefa que era importante: tinha o movimento do dia, com as fichas adequadas, cheques ou outros documentos, e à tarde se fazia um resumo. Seria quase o ativo da agência. Era uma filial. O que tinha sido movimentado e o que tinha resultado de novos saldos, tinha que mandar para a matriz, que era Marília. Eu queria preencher esse boletim e me desaconselharam: "Vai devagar. Você primeiro domina um pouco mais a matéria". Mas fazia o meu resumo, com algumas imperfeições. Quer dizer, já estava um pouco afoito para dominar a área em que estava exercendo o trabalho.

Quando abriu a vaga de Pompeia, em setembro de 1942, ingressei como escriturário na Casa Bancária.

Mas o senhor era muito novo, só tinha 16 anos quando entrou. Ou na época o senhor não achava que era muito novo para trabalhar?

Queria me sustentar, não ser uma carga para a família e me dedicar ao que achasse pertinente, que me ajudasse a crescer. Então, meu registro oficial na Casa Bancária — porque antes, no estágio, não tinha registro — é de 1º de setembro de 1942, quando ingressei como escriturário em Pompeia.

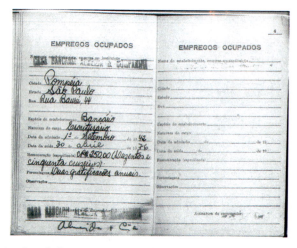

Carteira de trabalho, registro como escriturário na Casa Bancária, 1 set. 1942. Acervo Bradesco

O ingresso na Casa Bancária

O senhor morava em Pompeia?

Sim, no próprio prédio da Casa Bancária. Naquela época, me abrigava na parte superior do prédio, com um ou dois colegas, até por economia. No ano seguinte, a Casa Bancária se transformou em banco. Tinha já seis agências, e algum prestígio, porque a Casa Bancária já era correspondente do Banco do Brasil, que não tinha filial local.

Quantas pessoas trabalhavam nessa filial da Casa Bancária em Pompeia?

Uma dúzia, por aí. Mas a Casa Bancária tinha as mesmas prerrogativas de um banco.

A Casa Bancária foi fundada pelo coronel Galdino de Almeida,[1] não?

O coronel Galdino era um "cacique". Eles recebiam esse título lá de coronel, acho que por respeito, era simbólico, vamos chamar assim. Não tinha formação... Naquele tempo, tinha uma propriedade rural muito bem situada na região de Marília, quase dentro da cidade. E o filho do coronel Galdino, o José Alfredo de Almeida, conhecido como Zezé de Almeida, se associou ao cunhado dele, que era o doutor José Cunha Júnior, cismaram e fundaram a Casa Bancária. O coronel Galdino só patrocinou o filho e o genro.

Como era o coronel Galdino?

Era circunspecto, antigo, a palavra tinha valor, era o que ele decidia. Muito respeitado. Um "cacique".

E o filho dele, Zezé de Almeida, o senhor conheceu logo quando foi trabalhar?

Conheci quando fui para a Casa Bancária, era o proprietário, ele e o doutor Cunha.

---

[1] Coronel Galdino de Almeida (1873-1946) patrocinou seu filho, José Alfredo de Almeida, e o genro, doutor José da Cunha Júnior, na fundação da Casa Bancária Almeida & Cia.

O ingresso na Casa Bancária

E como ele era?

Ele era muito atirado nas coisas, tinha virtude, e muito ligado com os funcionários da casa, e se igualava quase no relacionamento, no comportamento, mas não tinha a medida certa do que ele propunha ou queria realizar. O cunhado o freava um pouco. Ele era médico. O doutor Cunha era de Araxá, se formou médico e abriu uma clínica em Birigui.

Numa certa altura, a casa estava em pleno funcionamento, abrindo agências e já implicava uma atenção maior; ele deixou a clínica e foi também para Marília, para compartilhar as tarefas da Casa Bancária com o cunhado, o José Alfredo de Almeida. E, quando decidiram transformar em banco, convidaram o gerente local do Banco Comercial — um banco tradicional local, bem-conceituado —, o José Carlos Negreiros, para administrar o banco, porque tinha formação da atividade bancária, enquanto os outros só tinham noção. Marcaram a data da transformação da Casa Bancária para março de 1943. Mas, uma semana antes da transformação, esse Negreiros, que tinha 40 anos, teve um enfarte e morreu. Ficaram sem esse comando e tinham que preencher imediatamente o cargo.

Pela amizade, colocaram o Ciro de Moraes Campos para ser o presidente do banco. Ele era confiável e tinha uma vida bem regular, mas assumiu completamente desamparado, no sentido de ação que pudesse realizar, porque não tinha nada a ver com essa atividade. Era professor de latim. Atendeu ao

Senda de um executivo financeiro

apelo, mas, desde o começo, mostrou que aquilo não era o ninho dele. Eles tinham que encontrar uma outra solução.

Quando o doutor Cunha abriu uma clínica em Birigui, havia convivido com o Amador Aguiar,[2] que era gerente do Banco Noroeste do Estado de São Paulo naquela cidade. Fizeram uma amizade muito estreita — no fim do dia, a gente sabe, eles iam na lagoa para nadar. Depois o doutor Cunha deixou a clínica — portanto, se afastou do Amador Aguiar — e foi ajudar a controlar, ou contornar os problemas da Casa Bancária junto com o cunhado. Tendo perdido quem seria o comandante, que era o Negreiros, ocorreu a ele a ideia do convívio que tinha tido com o Amador Aguiar, que ele achava que tinha ímpeto, capacidade e jeito para tocar o barco. Nessa altura, o seu Aguiar estava na gerência do Banco Noroeste em Lins. Ele foi a Lins e "cantou" o Amador Aguiar.

Por coincidência, um grupo de Lins, uma família local, estava formando um banco, o Banco Bandeirantes, e também tinha feito um convite ao seu Aguiar, que viesse para comandar o Bandeirantes. Mas, acho que, na perspectiva dele, o doutor Cunha era muito hábil, e também o conhecia

---

[2] Amador Aguiar (1904-1991) foi um empresário e banqueiro brasileiro. De origem humilde, começou a vida trabalhando no cultivo de café, mas aos 16 anos abandonou o campo e foi para Bebedouro (SP), onde conseguiu emprego numa tipografia. Em seguida trabalhou como contínuo no Banco Noroeste, agência de Birigui (SP), onde poucos anos depois se tornou gerente. Foi contratado em 1943 para comandar o Banco Brasileiro de Descontos. Respeitava a honorabilidade do doutor Cunha como presidente, cargo que assumiu em 1963.

O ingresso na Casa Bancária

bem e tinha convivido com ele em Birigui. Ele topou então assumir, isso em outubro de 1943. O banco tinha sido aberto em março, em outubro ele foi para Marília e assumiu.

O Ciro ficou então só alguns meses no banco.

Ficou uns quatro ou cinco meses. Mas desde o começo, não se fixando. Ele preencheu porque tinha que ter um presidente, tinha que pôr alguém de confiança. E ele mesmo entendeu que estava lá preenchendo uma vaga provisoriamente.

O seu Aguiar então veio e tinha, naturalmente, a ideia de competir. E quando houve um desentendimento dele com o Zezé de Almeida, por razões de ótica das coisas, chegaram ao entendimento de que ali não dava para prosseguir, e o doutor Cunha segurou o seu Aguiar, não deixou a coisa vazar pelo lado do cunhado. E o José Alfredo de Almeida saiu, conciliando com o doutor Cunha, que ficou com o Amador Aguiar.

Que tipo de diferença havia entre os dois, para eles se desentenderem?

O Zezé era ousado, tomava iniciativas que não agradavam ao seu Aguiar. Por se considerar superior, porque ele que o trouxe para o banco. Coisas que achava que devia tomar a iniciativa — e ele tinha autoridade para isso —, mas não afinava muito com o pensamento do seu Aguiar. Detalhes, às vezes,

Senda de um executivo financeiro

não é? Isso desgastou o relacionamento, e o seu Aguiar achou que não estava com o domínio, com o controle total. Chegou a um ponto em que isso transpareceu, e o Zezé achou que não precisava entrar em desentendimento. O ambiente ficou um pouco difícil. Então o Zezé saiu, porque a predileção dele não era a área financeira. Entendeu que as coisas não tinham o mesmo diapasão, achou que não estava sendo prestigiado. Foi então convidado para ser presidente do Bandeirantes. Foi uma surpresa, porque ele deixou o Bradesco, que era a formação dele, e aceitou o convite do Bandeirantes. Naturalmente, ele tinha os seus atrativos. Mas ficou pouco tempo na presidência do banco, não acertou o passo.

O doutor Cunha acabou não prestigiando o cunhado, e sim o Amador Aguiar. Deve ter dado um problema familiar...

É que o José Alfredo de Almeida percebeu que estava sendo barrado nas ações e o outro é que veio com esse poder. O Zezé de Almeida é o que tinha todas as credenciais, mas quem tinha a visão e barrava muita coisa era o seu Aguiar. Então, foi gerando desentendimento, desarmonia. Ele reconheceu isso e não criou problema, acertou as contas lá e saiu.

Ele chegou a levar alguém do banco para o Bandeirantes?

Não. E depois do Bandeirantes ele cuidou só da área agrícola, com a qual estava familiarizado.

O ingresso na Casa Bancária

O doutor Cunha ficou até quando no banco?

Licenciou-se em 1969 e faleceu em 1976. O doutor Cunha era cordial e carinhosamente me identificou como o "benjamim" do grupo, o mais moço.

Nessa época, vivia-se a guerra na Europa. Como era a relação do Bradesco com a colônia japonesa em Marília? A biografia do Amador Aguiar[3] que foi publicada destaca essa relação, que teria sido importante para a "virada" do banco. O que o Bradesco fez, por exemplo, que os concorrentes não faziam?

O banco tinha uma abertura ampla e irrestrita. Todo mundo tinha acesso ao banco, não importava a categoria ou a natureza da personalidade. Porque os bancos geralmente acolhiam pessoas com um certo nível. Mas o banco abriu as portas, atraindo qualquer um que quisesse ter acesso, ou para esclarecer, ou para iniciar qualquer tipo de relacionamento. Nessa colônia japonesa, que era grande, muitos tinham dificuldade até com o idioma ainda, e trouxemos para o guichê um funcionário da colônia, Ryokichi Hoshino, com o objetivo de atendê-los. Ele prestou muito serviço depois, no correr dos anos, fez carreira, desenvolveu muitos trabalhos.

---

[3] Cavalcanti, Pedro. *Amador Aguiar*: uma história de intuição e pioneirismo. São Paulo: Grifo, 2015.

Senda de um executivo financeiro

E era, como os japoneses, em geral, muito dedicado. Ele criou o museu do banco. Ele já faleceu.

A colônia japonesa acabou afetada pela guerra, porque os depósitos foram congelados.

Foram bloqueados, congelados. O banco contornava, no que cabia, no que tinha margem. Porque, naturalmente, tinham que sobreviver. Plantavam, colhiam, vendiam, eles tinham também uma atividade que continuava. E o banco estava atento em atender essa colônia, dentro do que não comprometesse esse bloqueio. Porque o que eles plantavam e colhiam, estava livre. Tiveram bloqueio do passado. No presente e no futuro, tinham uma vida organizada.

E o banco não discriminou de forma alguma.

Não, de jeito nenhum. A ideia era dar amplo atendimento. Calhou que em Marília tinha uma colônia japonesa, mas em toda região o banco atuava de portas abertas, para receber conta de luz, de água, impostos.

Amador Aguiar assume o Bradesco

Quando o senhor conheceu Amador Aguiar?

Eu o conheci em Marília, mas era uma figura pouco carismática. Quando chegou a Marília, a Casa Bancária já era banco. O banco abriu em março e ele chegou em outubro, já era Bradesco. Ele falou: "Não é aqui que vou competir, que vou brigar com os ferozes e com os leões da área". Qual é o cliente que vai se deslocar para ir lá discutir um detalhe? A Ford, por exemplo, vai lá para discutir um detalhe qualquer de financiamento? Não vai. De cara, ele achou que a matriz tinha que vir para o centro nervoso: São Paulo. Ele chegou em 1943 com isso na cabeça. Logo depois, abriu uma filial na Álvares Penteado, em São Paulo. Essa filial passou a ser a matriz, em

Senda de um executivo financeiro

janeiro de 1946. Ele chegou em outubro de 1943 em Marília. Em janeiro de 1946, já trouxe a matriz de Marília para a Álvares Penteado, para poder "brigar", estar em contato com o cliente, dirimir questões. E ele vinha já com uma visão de que venceria. Dizia, em seu ímpeto, que tornaria o banco o primeiro banco privado brasileiro. Porque Banco do Brasil é outra coisa.

Ele já dizia isso em 1943?

Quando entrou no banco, em 1943, dizia que faria o banco ser o primeiro banco privado. Havia dezenas, centenas de bancos. Naquele tempo, se classificava pelos depósitos à vista, que significava prestígio do cliente, pondo os recursos no sistema. Mas ele dizia, já nessa altura, que ele seria o primeiro.

Mas ainda estava muito longe disso, não é?

Estava. Tinha Comercial, Comércio e Indústria, Banco da Bahia, Auxiliar, Brasul...

O senhor lembra de algum outro banco daquela época que sobreviveu até hoje?

O Itaú é da mesma época.

O senhor tinha 17 anos quando o doutor Amador foi trabalhar no banco, não é?

Sim. Sou de 1926, e ele foi para o Banco em 1943.

O senhor era escriturário ainda?

Não, já era subchefe, ou chefe.

Como foi essa trajetória? O senhor entrou como escriturário...

Como eu já tinha influência na composição do quadro das agências e em outras coisas, logo me passaram para subchefe, e depois chefe de serviço. Foi essa graduação. Posso parecer muito pretensioso falando, mas como me interessava sobremaneira nas atividades, acabei criando departamentos. Porque no começo era tudo feito, analisado e visto de maneira improvisada. Então, criei a inspetoria, que teria a responsabilidade pelo curso das coisas, pela ordem, pelo zelo, por tudo.

Isso ainda com o Zezé de Almeida de presidente?

Ainda. Começamos já em Marília.

O senhor ficou muitos anos na inspetoria. Como foi isso? Alguém lhe disse para criar ou o senhor inventou?

Senda de um executivo financeiro

Cheguei me enfronhando no serviço, que era um desejo, e tinha que ter alguém cuidando do curso dos procedimentos, dos controles. No começo, tinha a diretoria para exercer o comando; e o restante se fazia um pouco no improviso. Então, criei a inspetoria para crivar os procedimentos, o desempenho, a qualificação do pessoal — na abertura de agência, como é que se compunha a agência nova. E tinha o comando de inspetores, para ir na agência e sempre inspecionar e ver se estava tudo em ordem, tudo bem com os controles. Então, o contato com a diretoria, com o seu Aguiar especialmente, passava por um crivo, o que lhe convinha também, porque ele recebia a coisa um pouco mais trabalhada.

Na sequência, criamos o que chamamos, na ocasião, de gerência-geral, que supervisionava toda a operação de crédito ou o relacionamento com o cliente; nesse sentido, criava as normas, exercia o controle. A gerência-geral estava subordinada à inspetoria e a qualificação de gerentes, o desempenho estavam a seu cargo. Em seguida, criamos também outros subórgãos da inspetoria. Criamos o Departamento de Automação para a área de processamento de dados. E, assim, fomos desenvolvendo e criando áreas com atividades específicas de trabalho, mas tudo subordinado à Inspetoria. A inspetoria é que dava a última palavra, ou que entrava no mérito das coordenações e arrumações. Por exemplo, quando nos demos conta de que os gerentes das agências, para ficar bem atualizados com as informações e

Amador Aguiar assume o Bradesco

NOME..Lazaro.de.Mello.Brandão........CARGO Escripturario.....

Estado civil.Solteiro....Disciplina no serviço..bôa........

É pontual no horario...Sim...É discreto.....Sim............

Asseio no serviço..bom.......Rapidez.....bôa................

Interessa-se pelos serviços da Casa...Sim...... ....

Attende com solicitude os clientes...Sim.................

Dactylographo.....Regular....Redacção..Regular..............

Calligraphia......Regular....Gráu de cultura..Regular.......

Relações sociaes.....bôas............................

Procedimento fóra do Banco.....bom..............

É arrimo de familia....não....................

Serviços a seu cargo - Toda a **cartéira** de cobrança e des-
conto(correspondencia e escripturação) auxilia tambem em
outros serviços.
Ordenado actual...Cr$.250,00...................

OBSERVAÇÕES:- Funccionario em carecter experimental.Achamos
entretanto que o mesmo pode ser admittido definitivamente,
visto que tem se desempenhado bem dos serviços que lhe foram confiados. Não tem muita firmeza no serviço dado ao pouco tempo que trabalha,mas tem demonstrado muito bôa vontade
e parece-nos ter conhecimento de quasi todo o serviço de
Agencia. Funccionario de futuro. Apezar de sabermos que essa Matriz não estuda augmentos de vencimento nesta época,to-
mamos a liberdade de solicitar para este funccionario,visto
que o mesmo só pode se manter com muita difficuldade com o
que percebe actualmente.

Pompeia,2 de Janeiro de 1943.

CASA BANCARIA
ALMEIDA & CIA.
- 5. JAN. 1943
MARILIA

Registro de trabalho temporário com avaliação positiva recomendando a
contratação definitiva, jan. 1943. Acervo Bradesco

Senda de um executivo financeiro

soluções, limites ou regras, tinham que consultar muitas normas, criamos nosso manual de instruções. Condensamos em um caderno só, com índice. Então, ele não teria mais que ficar pesquisando desordenadamente, quando queria alguma informação.

A inspetoria se reportava a quem?

Aos vice-presidentes. Na sequência, conforme a natureza do assunto, ao presidente.

A inspetoria continua então até hoje?

Continua. Ela tem um papel relevante e se comunica com a auditoria externa. É um trabalho que tem muita semelhança com a auditoria externa. Ela que criva o andamento do serviço, para que venha a tempo, benfeito, e a questão de também procurar saber o mérito de produção, a qualidade do serviço, se tem satisfação ou não do cliente. Isso tudo está a cargo da inspetoria. Se tem alguma coisa suspeita, é ela que vai investigar.

O que mais mudou com a chegada do Amador Aguiar?

Outra coisa que o seu Aguiar fez logo que chegou foi começar a estender a rede, na medida em que tivesse chance. Para os senhores terem uma ideia das dificuldades que

Amador Aguiar assume o Bradesco

iam surgindo, havia a Sumoc,[4] que precedeu o Banco Central, que orientava o sistema financeiro, e tínhamos direito a duas patentes por ano, para abrir agência. Imagine só! Quando é que alargaríamos esse mercado? Difícil, não é? Havia muitos bancos que realmente ficavam suplantados, e o principal, quando surgia isso, era o número de agências que ele tinha. E o banco fez mais de 40 aquisições, com o objetivo de ampliar a rede.

O que mudou quando a matriz veio para a capital do estado?

Em São Paulo, a partir de 1946, o banco quebrava uma porção de tabus. Os bancos tinham um horário de atendimento ao público das 9h30 às 11h30; pausa para almoço; depois, das 13h30 às 17h30. Truncava tudo. O cliente estava lá pagando, tinha que contar o dinheiro, dava o horário e o atendimento era interrompido. E era na hora de

---

[4] A Superintendência da Moeda e do Crédito (Sumoc) foi criada em 1945, com o objetivo imediato de exercer o controle do mercado monetário e preparar a organização do Banco Central. Subordinada diretamente ao ministro da Fazenda, a Sumoc tinha um diretor-executivo nomeado pelo presidente da República e um conselho presidido pelo ministro da Fazenda e composto pelo presidente do Banco do Brasil, o diretor-executivo da Sumoc e os diretores da Carteira de Redesconto e da Caixa de Mobilização Bancária. Ver Lago, Pedro Aranha Correia do. *A Sumoc como embrião do Banco Central*: sua influência na condução da política econômica (1945-1965). Dissertação (mestrado) — Pontifícia Universidade Católica, Rio de Janeiro, 1983; e Bulhões, Octavio Gouvêa de. *Octavio Gouvêa de Bulhões*: depoimento ao CPDOC. Brasília, Banco Central do Brasil, 1990.

Senda de um executivo financeiro

almoço que muita gente tinha chance de ir ao banco. Então não houve dúvida: o banco adotou o horário ininterrupto, com uma propaganda muito grande, logo que veio para São Paulo.

O senhor veio logo também?

Vim com o seu Aguiar. A rigor, trabalhei 47 anos com ele. Às vezes perto, às vezes nem tanto, porque tinha uma hierarquia diferente. Quando passou de Casa Bancária para banco, conseguimos patentes e achou-se que devia estender a rede em cidades que tinham um certo relacionamento com Marília. Então, Lins foi uma cidade escolhida. Hoje, acho que é a agência número sete, tem o código por inauguração da agência. Eu estava em Pompeia, era uma oportunidade para voltar para Lins, onde tinha convivência, parentes, tinha feito o curso secundário e achei que ficaria muito mais à vontade. E não tiveram dúvida, me transferiram para Lins.

Lá, a gente tinha noção de como era a briga de bancos, a competição. Então, tinha o Amador Aguiar, que era fora de série. Nessa altura, o conheci, mas não de ter intimidade, só pelo que ele projetava. Ele realmente sobressaía entre os gerentes dos bancos locais: o Banco de São Paulo, Banco Comercial e outros. Quando foi convidado para vir para o banco em Marília, trouxe seis funcionários do

Amador Aguiar assume o Bradesco

comando dele, inclusive o Laudo Natel,[5] na ocasião, que era um imediato dele no Noroeste. Ele confiava mais, achava que podia se apoiar nesses com quem convivia. Ele não consultava nada. Os que estavam em Lins, inclusive eu, foram transferidos para Marília, para dar lugar aos outros e se adaptar ao banco, como era o critério, a filosofia. A minha permanência em Lins foi pouca, tive que ir para a sede.

Amador Aguiar é um personagem mítico, sobre quem há várias histórias: de que ele não usava meia, de que ele não contratava pessoa de barba... Como ele era pessoalmente? Quando o senhor o conheceu, ele tinha uns 40 anos, mais ou menos.

Ele entrou no banco com 39 anos. Era muito cismático e pouco conciliador. Não tolerava quem fumasse, e mesmo mulheres com cigarro ele dava um esbregue imenso, não deixava em paz o fumante.

---

[5]   Laudo Natel (n. 1920), empresário e político, trabalhou no Banco Noroeste e no Bradesco. Assumiu o governo de São Paulo em consequência de uma crise entre os governos federal e estadual que culminou com a cassação dos direitos políticos do governador Ademar de Barros em 1967. À frente do governo de São Paulo, Natel nomeou, por indicação do ministro Roberto Campos, Antônio Delfim Neto para a Secretaria da Fazenda.

Senda de um executivo financeiro

Mas isso era por algum motivo religioso? Ele era presbiteriano, não?

Era presbiteriano. Mas não tinha a ver com isso, ele achava que fumar era uma coisa contra o bom-tom.

Quer dizer, no banco, ninguém fumava...

Não, só escondido. Ia no banheiro, ou coisa assim.

O senhor fumava?

Não. Nunca fumei. Mesmo anteriormente. Não foi por imposição.

E não se podia usar barba também?

Também não podia usar barba.

Era alguma cisma pessoal?

Não. Ele achava que era o comportamento adequado. Ser cabeludo ou barbudo parecia um pouco de relaxamento, dificultava. E uma vez disseram para ele: "Mas se chega Jesus lá na portaria com barba, como é que o senhor faz, o senhor deixa entrar ou não?". Ele falou: "Deixa-me contrapor uma pergunta. Se Eva aparecer na sua casa, ela entra ou não?". [*risos*] É a mesma coisa.

Lembro de uma referência do eminente ministro de planejamento do Regime Militar, Roberto Campos,[6] quando presidiu o grupo financeiro Buc, considerando o Bradesco "uma ordem religiosa"! A filosofia do banco é uma questão de trabalho ordenado, interessado e contribuindo para o acerto. É uma linha ética. Houve uma fase em que tinha algum exagero aqui. No fim do ano, o funcionário, o diretor, o conselheiro fazia uma confissão de bons propósitos.

Confissão de bons propósitos? O que era isso?

É se comportar corretamente, não se desviar, não ter comportamento comprometedor.

O funcionário fazia isso por escrito?

De próprio punho.

---

[6] Roberto Campos (1917-2001) formou-se em teologia e filosofia em seminários mineiros e, em 1939, prestou concurso para o Itamaraty. Em 1944, integrou a delegação brasileira na Conferência de Bretton Woods. Foi o primeiro diretor econômico do Banco Nacional de Desenvolvimento Econômico — BNDE (1952-1953). Foi ainda embaixador do Brasil nos Estados Unidos (1961-1964), ministro do Planejamento (1964-1967) e senador por Mato Grosso (1983-1991). Em 1990, foi eleito deputado federal (PDS-RJ). Ver Campos, Roberto. *Depoimento*. Rio de Janeiro: FGV/CPDOC-História Oral, 1993; e Beloch, Israel; Abreu, Alzira Alves de (Coord.). *Dicionário histórico biográfico brasileiro*. Rio de Janeiro: FGV/CPDOC.

Senda de um executivo financeiro

E entregava para quem?

Cada um fazia o seu e entregava para a área de chefia de recursos humanos. O seu Aguiar fazia o dele. Mas virou um pouco de extravagância. Quer dizer, profissão de fé repetida automaticamente. Tinha a minuta da carta, que os funcionários e administradores deveriam transcrever à mão, com todos os princípios que deveriam seguir honestamente e ter um relacionamento digno, e assinar.

Isso continua até hoje?

Não, não. Chega uma hora que fica um pouco de exagero, não é?

Bom, o senhor já explicou que o Amador Aguiar decidiu que o banco tinha que vir para São Paulo. E depois?

Depois, um segundo ato. Em São Paulo, já começou a ter aquisição. Primeiro comprou o prédio do fundo da Álvares Penteado, que se comunicava com o banco, demoliu e iniciou a construção de um que tinha intercomunicação nos pisos e no térreo, para ampliar espaço, dar conta da expansão que faria. Ele comprou, na ocasião, por 10 mil, que era todo o capital do banco.

Não era muito arriscado?

Amador Aguiar assume o Bradesco

Ele confiava, não é? Se for medir tudo e se intimidar, não faz nada. Mas ele nem terminou esse prédio da Quinze ligando com a Álvares Penteado a tempo, porque no final do preparo o banco veio para a Cidade de Deus, em Osasco.

Mas antes disso, lá em Marília, ele ficou ainda dois anos e pouco antes de ir para a Álvares Penteado. Quando ele chegou ao banco, ele mudou alguma coisa da rotina?

Ele dizia: "Tem que ser aberto e popular, atender, em qualquer circunstância, o cidadão de qualquer nível". E pegou a gerência fechada, desmanchou a sala e trouxe os gerentes para frente do balcão de atendimento. E o gerente atrás, ali, voltado para o trânsito de entrada e saída de clientes e comportamento dos funcionários. Porque antes o gerente ficava em sua sala conciliando, falando, e tinha reserva. Que reserva!? Não tinha que ter reserva para conversa.

O senhor está descrevendo uma filosofia diferente de atendimento e de funcionamento.

Total. Atender a classe menos assistida. Quer dizer, estar voltado para isso.

E não apenas para a elite da época.

É claro que um abonado seria bem tratado também.

Senda de um executivo financeiro

Ele racionalizava sobre isso, explicava, ou só mandava fazer?

Ele dizia: "Nós vamos ficar de frente para o cliente, ver o comportamento dele, se está satisfeito ou contrariado. Se tenho um funcionário que está primeiro dando uma tragada no cigarro para depois atender o cliente...".

Mas isso ele fazia já antes de ir para Marília, no Banco Noroeste?

Talvez, mas não com tanto ímpeto. Antes era um gerente do Banco Noroeste; agora, ele veio para comandar o Brasileiro de Descontos, como o banco foi batizado. A busca pela qualidade nos serviços sempre foi uma tônica. Nos primórdios, o *slogan* era "garantia de bons serviços". No frontispício do prédio da matriz está esculpido: "Só o trabalho pode produzir riqueza". Nosso símbolo é uma árvore estilizada, com a consonância dessa imagem. Como subsímbolos, temos nos jardins da Cidade de Deus uma locomotiva evocando desbravamento e um burro esculpido com carga desmensurada, com ilação que se pode deduzir.

E o nome? Por que foi o Banco Brasileiro de Descontos?

No endereço telegráfico, muito comum à época, se usava Bradesco, para simplificar, que eram as iniciais de Brasileiro de Descontos. Então ponderamos para ele: "Vamos mudar

Amador Aguiar assume o Bradesco

o nome do banco para Bradesco" — são coisas que eu já participava —, "porque simplifica, é muito mais fácil para declarar o nome da entidade". Ele diz: "Nome e símbolo não se muda!". Ele dizia peremptoriamente. Quero conversar aqui colocando as coisas da maneira bem como ocorria.

Brincava-se na época com o nome, Banco Brasileiro de "Dez Contos".

Porque tinha cliente que tinha intimidade, então, em vez de ser Banco Brasileiro de Descontos, era "Banco Brasileiro de Dez Contos, se há!" — interpretação das S.A., sociedade anônima.

O banco já atuava no norte do Paraná, também?

Quando começou a efervescer o norte do Paraná, com o café, que era a riqueza nossa, o nosso PIB, o banco devotou-se para o Paraná abertamente. Tinha um diretor que passava mais tempo no Paraná, e criamos um assentamento nas terras, uma área — requerida do estado, na ocasião —, abrimos três municípios: Santa Cruz de Monte Castelo, Alto Paraíso e Icaraíma.

O senhor chamava o Amador Aguiar de "seu Aguiar"?

Não. Era Amador mesmo.

Senda de um executivo financeiro

Ao longo do período em que o senhor trabalhava na inspetoria, o senhor tinha um relacionamento muito frequente com ele? Era apenas no banco, ou havia um convívio social também?

Não, ele não era muito inclinado à parte social. Tinha uma chácara aqui em uma represa e, circunstancialmente, uma vez convidou alguns colegas para ir lá, porque tinha jabuticaba. Fomos uma vez.

O senhor já falou que ele era ousado, arrojado, porque ele queria fazer alguns lances arriscados...

Dez anos depois de fundado, estampamos já o primeiro lugar. Então perguntei a ele: "O senhor dizia aquilo para encorajar o pessoal?". Ele falou: "Não. Porque eu acreditava". Porque nem nós achávamos que era possível.

Ele como chefe, como líder de um time, quais eram as características mais importantes?

A presença dele já impunha respeito. Tinham coisas que ele ponderava ou queria e a gente achava que a coisa não podia ser bem assim, tinha que ser diferente. Daí tinha que saber contornar, para chegar, mas não contrariar. Se contrariasse, ele fechava a questão. Era assim, de modo geral.

O Amador Aguiar convivia com os outros banqueiros da época?

Não, não tanto. O Gastão Bueno Vidigal[7] tinha uma birra direta com ele. Ele achava que era um caipira, dizia para o Delfim Netto:[8] "Não perca tempo com esse caipira". O Gastão era muito crítico.

Pelo fato de o banco ter surgido no interior de São Paulo e por ter uma clientela de poder aquisitivo mais baixo, ele era visto pelos concorrentes como um banco de "caipiras"?

Isso foi uma linha de conduta do banco, de abrir as portas e atender, sem limitar a questão de preparo do futuro cliente ou do cliente. Mesmo quem tivesse dificuldade, o banco colaborava, ajudava. Quer dizer, não tinha restrições, ou não dificultava quem tinha menos habilidade para movimentar a conta ou coisas dessa natureza.

---

[7]   Gastão Eduardo de Bueno Vidigal (1919-2001) foi secretário da Fazenda de São Paulo no governo Carvalho Pinto (1959-1963). Seu pai, Gastão da Costa Carvalho Vidigal, foi ministro da Fazenda do governo Dutra e um dos primeiros membros do conselho da Sumoc, órgão a que continuou ligado mesmo após sua saída do Ministério da Fazenda.

[8]   Antônio Delfim Netto (n. 1928) formou-se em economia pela Universidade de São Paulo em 1951, onde sete anos depois tornou-se professor catedrático de economia brasileira com a tese *O problema do café no Brasil*. Em 1965, a convite de Roberto Campos, ingressou no Conselho Consultivo de Planejamento (Consplan) e no Conselho Nacional de Economia. Foi ministro da Fazenda (1967-1974), embaixador em Paris (1975-1978) e ministro da Agricultura e do Planejamento (1979-1985). Em 1986 foi eleito deputado federal (PDS-SP).

Senda de um executivo financeiro

Mas a birra entre o Gastão Bueno Vidigal e o seu Amador Aguiar era motivada por quê? Tinha algum motivo particular? Ou era pura antipatia?

Era um banco mais antigo. E, naturalmente, tinha uma concorrência, e o banco estava crescendo. Um pouco dor de cotovelo, não é? "Como é que pode, sem preparo, não são doutores que estão na direção, e como é que querem nos enfrentar?"

Os banqueiros, no Brasil, vinham muito de uma elite...

Uma casta. Sem dúvida.

A mudança para a capital, o casamento e a vida na metrópole

Qual foi o peso da mudança da sede do banco para a capital?

Extraordinário. Às vezes, se levava em brincadeira. Trazíamos o pessoal para São Paulo e havia a preocupação de que alguns não sabiam atravessar a rua, eram caipiras. O primeiro pessoal aqui não sabia mesmo. Exagerando, não é? Mas tinha gente que realmente tinha que se ambientar na cidade grande. A adaptação traz problemas naturais. Vinha de uma cidade pequena para uma em que mora em um bairro e trabalha em outro.

Aí o senhor vem morar em São Paulo. O senhor já conhecia a capital?

Senda de um executivo financeiro

Já. Conhecia, circunstancialmente, por curiosidade. Quando estava em Marília, tinha remessas, por exemplo, de abastecimento, trazer ou buscar numerário. Isso eu fiz mais de uma vez, que era uma oportunidade de vir. A gente vinha no trem, com a maleta com o dinheiro, despreocupado.

O senhor tinha parentes na capital?

Não.

E quando o senhor veio morar em São Paulo, quais são suas lembranças da mudança?

É evidente que era uma vida completamente diferente, mas com muita oportunidade de convivência.

Onde o senhor foi morar?

Fui para uma pensão na Aclimação. Quando namorei e noivei, estava nessa pensão. Quando casei, aluguei uma casa na Vila Pompeia. E assim foi a vida de casado, daí para frente.

Como o senhor conheceu a dona Albertina?

Tive um ou outro namorico. Um funcionário que se identificou muito comigo, e que tinha feito um curso de grafoscopia, para identificar se a assinatura era legítima ou não, era muito esperto para essas coisas e muito comunicativo. Na mesma rua, ali nos Campos Elíseos, onde morava minha futura esposa, tinha o Clube Sul-Rio-Grandense. Esse amigo do banco, Arnaldo Morandi Magalhães, insistiu que eu deveria frequentar o clube. A certa altura, estavam organizando uma quadrilha — eu, muito retraído, não tinha nada de expansivo — e disseram que tinha uma candidata lá para a quadrilha que o parceiro não apareceu, não sei o que houve, e me empurraram como parceiro.

Era a dona Albertina?

Com traje caipira. [*risos*] Começou uma conversa. Assim que a conheci.

Seu sobrenome era Tassinari, de origem italiana, não?

O pai era de Ravenna; a mãe, de Nápoles.

E aí o senhor a conheceu na quadrilha e começou a namorar...

É. A coisa foi firmando. E disse para ela: "Se anima, porque vou ser presidente do banco".

E ela acreditou?

Acho que não. [*risos*] Se ela tinha juízo, não acreditou.

Senda de um executivo financeiro

Lázaro Brandão e sua esposa, Albertina Tassinari Brandão, na comemoração do 50º aniversário do Bradesco, 10 mar. 1993. Osasco. Foto de Clodoir de Oliveira. Acervo Bradesco

Mas aí o senhor casou...

Em 1950, que foi um ano santo.

E a família dela, os pais gostaram do genro?

Acho que não tinham críticas. [*risos*] Mas, no começo do namoro, um dia fui deixá-la na casa dela e a mãe falou: "Entra aí, o almoço vai ser servido". Falei: "Não, estou com o tempo curto". "Mas vai ser rápido." E quando ela veio para colocar

A mudança para a capital, o casamento e a vida na metrópole

um ovo frito, perdeu o controle e o ovo se espatifou no prato. Ela nunca esqueceu isso. Falou: "Puxa, que estreia à mesa!".

E como foi a sua experiência em São Paulo, quando o senhor não estava trabalhando no banco?

Tinha o bonde para se andar.

O senhor frequentava o Clube Rio-Grandense, já falou, onde conheceu a sua futura esposa. O senhor ia ao cinema, passeava?...

Sim, esporadicamente.

O senhor gostava de São Paulo na época?

Ah, sim! Desde o começo, não troco. Pelos recursos e tudo mais.

E o Rio de Janeiro, que era a capital do país, o senhor já conhecia?

Já tinha ido ao Rio. Não tanto, mas para me atualizar. Era uma necessidade, conhecer o Rio. Havia uma filial do banco.

Mas não gostava do Rio?

Sim. Mas era outro ambiente, não é?

A mudança para a Cidade de Deus

Por que a sede do banco veio para a Cidade de Deus em 1953?

Tenho que voltar ao acerto de contas com o Zezé de Almeida. Quando ele saiu, no patrimônio dele tinha uma chácara em Osasco, de 15 hectares, com eucalipto, e essa área entrou para o banco, na negociação. Ocorreu ao seu Aguiar que os banqueiros podiam ter uma retaguarda na área de mecanização e que o serviço de retaguarda podia ser comum aos bancos, no sentido de ter escala e baratear. Ninguém quis saber. Ele falava já em automação. O seu Aguiar foi tipógrafo, tinha paixão por tipografia. Aqui, construímos um prédio imenso para uma gráfica, que ele visitava frequentemente, via os detalhes. Antigamente tinha aquelas composições manuais, para imprimir,

Senda de um executivo financeiro

ele era prático para fazer aquilo. Tinha paixão pela gráfica. E começou, a certa altura, a fazer talão de cheques para o Banco do Brasil. E tinha bancos que se tornaram clientes.

Então o banco pensou em vir de comum acordo com os outros banqueiros, onde eles achassem que fosse mais adequado criar um centro comum. Podiam pedir em Santo Amaro, em qualquer lugar. Não quiseram. Daí o seu Aguiar falou: "Então faço eu". E veio para cá.

Ele tinha essa área aqui, que era desassistida totalmente de acesso, comunicação, energia. Mas ele cismou, mandou fazer o projeto. E percebeu que tinha que ter casa para funcionários, porque o acesso aqui era difícil. Tinha dia em que, com as ruas lamacentas, o carro não chegava. E quase ninguém tinha carro, só o do Amador Aguiar e mais um ou dois. Tinha um ônibus que ia até o Anhangabaú, para trazer o pessoal. Mas construímos aqui 150 casas para trazer os funcionários. Tinha açougue, assistência hospitalar, clínica, clube, supermercado. Tinha tudo ali.

Quando estava com o projeto andando, já tinha muitas casas, o Assis Chateaubriand,[9] que era muito amigo do seu Aguiar, foi visitar e ficou encantado. Pôs no jornal dele um artigo de primeira página, descrevendo o que ele tinha visto e comparava com a obra de Santo Agostinho, *A cidade*

---

[9] Francisco de Assis Chateaubriand Bandeira de Mello (1892-1968), o "Chatô", formado em direito, foi dono do conglomerado de mídia "Diários Associados". Foi senador pela Paraíba e pelo Maranhão, e embaixador do Brasil na Inglaterra.

de Deus. Já estávamos aqui quando surgiu a oportunidade de adquirir área adjunta de 16 hectares, resultando em 31 hectares, a área da Cidade de Deus.

A sua esposa gostou da ideia de vir para Osasco?

A certa altura, naturalmente... Porque o expediente aqui sempre foi puxado. Então, achamos interessante — as filhas eram pequenas, e talvez ficasse uma coisa mais confortável — e moramos dois anos aqui.

O senhor se casou em 1950 e teve três filhas.

Sônia, Cecília e Beatriz, nessa ordem.

Filhas de Lázaro Brandão e Albertina Brandão: Sônia Tassinari Brandão, Cecília Tassinari Brandão e Beatriz Tassinari Brandão. Acervo pessoal

Senda de um executivo financeiro

Elas nasceram antes de vir para a Cidade de Deus?

A do meio nasceu quando estávamos aqui.

O senhor lembra quanto tempo demorava para vir do Anhangabaú para cá?

Ah, se o tempo estava bom e tudo em ordem, de 30 a 40 minutos.

Quando os funcionários pararam de morar aqui?

À medida que o banco teve que ampliar a estrutura. E muitos estavam comprando moradia, porque o banco facilitava, tinha financiamento. E precisava também de estacionamento, que não é suficiente. A existência das casas aqui, no começo, era porque o acesso era delicado: se chovia, o carro não chegava. Foi um período mais crucial. E agora todo mundo tem uma facilidade grande. Muita gente mora também em Osasco.

Qual o horário do expediente?

Tinha que encerrar, fechar o expediente, e o que vinha, vinha por malote. Hoje é tudo digital. Antigamente se mandava o malote para a agência. Tanto que o banco foi um dos pioneiros em ter helicóptero, há mais de 40 anos, para levar de manhã o movimento executado através dos computadores, ou trazer também.

A mudança para a Cidade de Deus

O senhor acha que a mudança para a Cidade de Deus foi acertada?

Foi fundamental. Porque aqui os assuntos são tratados vendo o conjunto. Além disso, no centro da cidade, os amigos querem sempre novidades e estão sempre querendo um papo, e têm tempo disponível. Lá, o serviço era muitas vezes perturbado porque tinha que atender os amigos — mais na Diretoria, no Conselho não. E se o cliente queria alguma coisa, ou um favor especial, ele ia na Diretoria. Então você tinha que atender. Aqui na Cidade de Deus/Osasco ficou só para medidas internas e a avaliação do que estava fazendo e o contato de orientação, de dar os rumos mais importantes e a maneira de executar. Quer dizer, aqui fica mais para dentro da organização.

E já era esse sistema de ter a sala com todos os diretores juntos, sem secretária individual, sem sala individual?

Era. Uma mesa única, inicialmente. E, à medida que foram nomeados diretores, foi aumentando, e sentavam um ao lado do outro, tinham o seu telefone, tocavam o expediente e o outro estava do lado. No mesmo ambiente. E a mesma jornada de executivo e de conselheiro. Parecia uma coisa absurda, mas funcionava. Até uns 15 anos atrás, era uma mesa retangular e todos ficavam um ao lado do outro, com o telefone tocando e cuidando das

Senda de um executivo financeiro

Diretoria em visita às obras de construção do prédio Azul, Osasco,
1 jun. 1958. A partir da esquerda: José Guimarães (Zezinho),
Rafael Moura, Donato Francisco Sassi, Amador Aguiar, Luiz Silveira,
Basílio Troncoso Filho, Lázaro de Mello Brandão e José Faria Basílio.
Acervo Bradesco

A mudança para a Cidade de Deus

Senda de um executivo financeiro

suas tarefas. Cada um passou a ter a sua mesa individual em volta do recinto só porque agora tem o computador. Não dava para, em uma só mesa, pôr vários terminais. Só mudou por isso.

Quando compramos o Banco da Bahia, o Fernão Bracher, com todo o estilo e preparo dele, estava aqui em São Paulo olhando a área de câmbio e veio para cá conosco, na diretoria. Quando ele chegou, o banco já estava suficientemente organizado. E, portanto, se fosse cada diretor para uma sala e tivesse uma secretária era um desperdício, porque aqui já era isolado, e ia se isolar ainda mais? O Fernão chegou aqui e teve que ficar numa baia. Imagine ele, com toda a finura, todo o trato que tinha? Foi se adaptando. Um dia, por qualquer razão, foi lá e fechou a janela. Quando voltou, falei: "Olha, acho bom te prevenir que, antes de você fazer um gesto desses, você tem que saber quem abriu a janela, para ir lá e fechar". Até hoje ele fala isso. Foi uma maneira de dizer: tenha cuidado com as coisas; não é como você quer, é como está programado.

O Bradesco também é singular por ter uma estrutura de carreira fechada. Quer dizer, as pessoas ascendem dentro do próprio banco, raramente se contrata alguém de fora.

Exato. Não se contrata executivo de fora. Desde o início. É fechado. O seu Aguiar achava que tínhamos que prestigiar o quadro.

A mudança para a Cidade de Deus

Isso era uma coisa dele?

Sim.

Mas isso era baseado em confiança, em dedicação ao banco?

Ele achava que o que vinha de fora não era tão dedicado, porque todos os bancos davam oportunidade. Por que ele vem? Ele devia estar se realizando onde está, não é?

Mas em muitos lugares era diferente, não é? A visão de que uma pessoa de fora poderia ser boa para oxigenar...

Em todo canto é diferente. O próprio Itaú remaneja e traz gente de fora. As empresas que avaliam as estruturações muitas vezes estão inconformadas, achando que no conselho tem que ter alguém de fora, porque veem coisa que aqui dentro se apaga, não é tão evidente. É a opinião deles. Aqui, o conselheiro tem a mesma jornada do executivo. Então, seria possível ter um conselheiro de fora mais habilitado? Ele vem duas, três ou quatro vezes por ano, e chega aqui engole o que vê. Mas e o que está acontecendo no dia a dia? Então a carreira fechada chegou a esse ponto de que todo o conselho é egresso do quadro. Não tem ninguém de fora.

Nunca teve?

Senda de um executivo financeiro

Teve circunstancialmente. Quando compramos o Boavista, do Rio, ele tinha três partes: uma era um grupo do Olavo Monteiro de Carvalho,[10] do Rio; tinha esse banco de Portugal, lá do Ricardo do Espírito Santo Salgado, o Banco do Espírito Santo; e tinha o espanhol BBVA (Banco Bilbao Vizcaya Argentina). Compramos pagando em ações. O Olavo Monteiro logo se desfez da posição, mas o BBVA e o Salgado ficaram mais tempo. Eles tinham cerca de 7% de ações do controle. Então, na reunião, se deu o cargo de conselheiro tanto ao BBVA, pela primeira vez, quanto ao Salgado. Depois o BBVA resolveu vender. O Salgado vendeu as ações dele e perdeu também assento no conselho.

O senhor está descrevendo um tipo de carreira dentro do banco que ficou muito raro hoje em dia. O senhor acha que esse modelo vai continuar funcionando?

Acho que sim. Porque a gente procura estimular o quadro. O banco faz 10 a 12 mil promoções por ano, em todos os níveis, porque a rede está em todo canto, em todos os municípios. E se procura dar um tratamento igual. Não tem ninguém disparado aqui. Está tudo mais ou menos no mesmo nível.

---

[10] Olavo Egydio Monteiro de Carvalho (n. 1942) foi presidente do grupo Monteiro Aranha.

A mudança para a Cidade de Deus

Mas o senhor não acha que isso só foi possível, e continua sendo, porque o banco se expandiu? Quer dizer, surgiram mais posições, mais oportunidades. Se não tivesse se expandido tanto...

Agora compramos o HSBC.

Sim, continua se expandindo, continua tendo espaço para promoções e para aumentar. Se não tivesse tanto sucesso, essa carreira fechada talvez não funcionasse bem, pois as pessoas não teriam como ascender. Ou não?

Mas depois de um certo limite a avaliação é mais rigorosa para dar uma oportunidade para os que estão atrás, senão fica uma coisa esclerosada.

Não tem nenhum outro banco parecido.

O Banco do Brasil também, mas é um banco público.

O senhor, que está há muitas décadas no banco, avalia que esse sistema é bom?

Sim. O que sintetiza isso é que os diretores executivos, inclusive o presidente executivo, e o conselho do banco são todos egressos do quadro. Havia muita empresa ou escolas que entendiam que toda empresa teria que ter um conselheiro de fora, que tinha uma visão que escapava de quem

Senda de um executivo financeiro

estivesse numa rotina. E, então, estávamos fora do que seria o ideal. Mas está dando certo, não é?

Mas também se poderia dizer que, dentro desse sistema, as pessoas do banco teriam mais receio de fazer uma crítica a alguma política do banco, a alguma decisão, porque, com isso, poderiam se enfraquecer.

Não, não. Para eles convinha, porque privilegiava a carreira. Bem, até hoje ainda isso se mantém, e o banco tem uma mobilidade natural, por várias razões. Temos as agências que chamamos de clássicas e temos o posto avançado com um gerente, mas é muito mais restrito: tem o caixa eletrônico, para pagar ou receber, e a contabilidade é transferida para uma agência próxima. Mas esse pessoal vem fazer reciclagem. Todo mês tem um grupo com uma mobilidade natural, por diversas razões. Em média, 50 a 60 gerentes passam por reciclagem antes de assumir. O conselho dá o respaldo final, dando as linhas principais, no que ele tem que se aprimorar. Mas o que ajudou muito a expansão foi o digital. Porque, evidentemente, o digital deu outro cunho à coisa. O cliente comanda. Noventa por cento das operações é o cliente que faz, muita coisa já é automática, como o débito automático.

O senhor acompanhou, ao longo desses anos, uma quantidade enorme de pessoas que ascenderam, como o senhor

A mudança para a Cidade de Deus

ascendeu, e pessoas que não ascenderam. Quais seriam as qualidades que o senhor acha mais importantes para o funcionário ascender?

Fundamentalmente, ele tem que ter o propósito de corresponder. É a meritocracia que a gente procura, o funcionário se capacita e até faz curso superior, o que no passado não se exigia. Hoje, já é uma prioridade estar cursando ou ter cursado, ele tem que ter um preparo. O treinamento, com o revezamento, também tem um cunho intenso. E o funcionário certamente adquire, conforme a cidade ou a agência, um status, uma complementação de vida importante. Enfim, isso tudo é que completa ou cria esse processo.

Duas paralelas: a ascensão na carreira e o crescimento do banco

Quanto tempo o senhor ficou como inspetor-geral?

De 1943 a 1963, quando fui nomeado diretor. Vinte anos.

E qual era a sua rotina, o que mais lhe dava trabalho?

Tinha que pôr o nariz em tudo. Em todas as atividades do banco.

O senhor se reportava diretamente ao seu Aguiar?

À diretoria. Para ele, quando era um assunto mais especial.

Senda de um executivo financeiro

O senhor fazia relatórios toda semana?

Relatório verbal ou escrito.

E com que tipo de problema o senhor mais lidava, ou que desafios tinha?

A parte operacional, os critérios, as verbas. A ordem de serviço e a fiscalização, tinha o departamento olhando os negócios feitos, para efeito de segurança, se estava de acordo com os procedimentos. E a parte de pessoal, na abertura de agências, lotar o quadro das agências; criar, naturalmente, as promoções. O banco foi crescendo. E, no passado, assim como hoje, dependia muito do quadro.

Dou um exemplo. A gente chama de Nova Central, porque o banco tem a central que é a Álvares Penteado, que é a antiga matriz. O banco achou que podia mudar o foco de atendimento, não ficar concentrado na agência central, porque todos os bancos estavam por lá. Então, criou a Nova Central, na frente do edifício Copan, na avenida Ipiranga. É uma agência que cresceu muito, e ela tinha mais de 100 caixas, antes do avanço digital de hoje.

No início do Bradesco, lá nos anos 1940 ou 1950, o Banco do Brasil era uma das principais referências como concorrente?

Sim. Tem muita coisa que é exclusiva do Banco do Brasil — o rural, porque está muito mais habilitado a dar, porque

Duas paralelas: a ascensão na carreira e o crescimento do banco

equaliza a conta dele com o Tesouro. Então, lá, não tem ninguém de fora. Só na diretoria. Mas, em função do quadro, não contrata ninguém. Quando contrata, é só no concurso.

E o senhor não se arrependeu? Nunca pensou em ir para o Banco do Brasil, mesmo no início, ainda lá em Marília?

Não. Eu me familiarizei e achei que não precisava tentar outro passo.

Ao longo do tempo o senhor assumiu algumas outras funções fora do banco, não?

Durante 10 anos, presidi o Sindicato de Bancos, em período que era da competência dele negociação anual da correção salarial. Hoje é a cargo da Federação de Bancos. De passagem, entrecortando afazeres, tenho título de economista e administrador de empresas, por habilitação.

O Bradesco teve, ao longo de sua história, uma política de aquisições de outros bancos e de ampliação muito forte.

Porque é a oportunidade que tem, não é? Agora as patentes para abrir agências são mais viáveis, mas teve um tempo em que ou você comprava ou não expandia. Você requeria a patente e não tinha. Tinha limite. Primeiro eram duas; depois passaram para 10. E o banco às vezes ficava com quatro ou cinco bancos pendurados, porque isso multiplicava o número de patentes. O direito às patentes se renovava a cada ano. O banco tinha sede de ganhar território, expandir a rede, e o que surgia de oportunidade era a compra de um banco, porque incorporaríamos a rede, que era, geralmente, o principal atrativo — não o ativo do banco ou outros fatores, mas a rede. Tivemos mais de 40 aquisições.

Vale a pena deixar muito claro que o Bradesco é um banco doméstico. Isso está bem caracterizado. Muitos perguntam: "Mas vocês não vão para o exterior? Não querem competir fora?". E temos repetido que temos oportunidades aqui. Com muito mais habilidade, condições, preparo e estrutura. E o Brasil, com dimensão continental, tem espaço para aumentar a presença. Naturalmente, no começo, a gente procurava estar em áreas mais relevantes, mas depois aconteceu algo que deu um impulso. Foi quando o Banco Central deu uma alargada, querendo a presença em áreas desassistidas, então, os bancos podiam instalar quantas agências quisessem, mas em praças que não tivessem atividade financeira. E para cada duas agências "pioneiras", como a gente chama, ele daria — o que também era muito restritivo — autorização para um posto bancário, que significa a presença dentro da empresa, o que também era cobiçado. Em um ano, o banco abriu 180 agências pioneiras, o que é praticamente uma por dia, porque tem os feriados, sábados e domingos.

Isso ainda nos anos 1950?

Duas paralelas: a ascensão na carreira e o crescimento do banco

Mais nos anos 1960. Algumas aquisições tinham características adicionais. Quando compramos o Banco Interamericano, que era do Roxo Loureiro, que construiu o edifício Copan, compramos o ativo.

Para quem quer uma coisa mais clara, não compramos o Interamericano, porque ele tinha problemas na área imobiliária, mas sim o ativo do banco, que incluía as agências — que já estavam fechadas, porque ele já estava em declínio. Tendo essa oportunidade, o Amador Aguiar procurou, na ocasião, o presidente da Sumoc, o Tancredo Neves, que ele já conhecia. Negociou com o Tancredo os ativos do Interamericano, o que nos deu a oportunidade para expandir a rede na capital em 40 agências. O símbolo dele era um canguru, que era um cofre no qual o correntista podia fazer a sua economia, com moedas. Nessa altura, tínhamos seis agências na capital e, de cara, ampliamos para 46 agências. Então essa compra teve esse caráter adicional.

Quando compramos o BBVA Brasil, que é um banco espanhol, ele trouxe no bojo o banco do Ângelo Calmon de Sá,[11] o Econômico, que já era um banco tradicional, estava

---

[11] Ângelo Calmon de Sá (n. 1935) é formado em engenharia civil, engenharia de petróleo e administração. Foi diretor da Construtora Norberto Odebrecht, ministro da Indústria e Comércio, diretor da Federação Nacional de Bancos e presidente do Banco do Brasil. Comprou ações do Banco da Bahia sem o conhecimento de Clemente Mariani, visando ao seu controle. Ao tomar ciência da operação, Mariani iniciou uma acirrada disputa pelas ações em mãos de investidores minoritários, gerando grande valorização especulativa das mesmas. Ao final, Calmon vendeu a parte do grupo Econômico ao Bradesco, que ficou em posição favorável para incorporar o banco até então pertencente à família Mariani.

Senda de um executivo financeiro

fazendo 160 anos. Atendia a realeza. Esse BBVA também deu uma oportunidade excepcional. O Banco Comercial, que era um banco tradicionalíssimo, família de gabarito. Não sei se lembram que citei que foi o gerente do Banco Comercial lá em Marília que foi convocado para vir cuidar do destino do Bradesco e faleceu um pouco antes.

E, na ordem de bancos, o Banco da Bahia, que era do Clemente Mariani.[12] Tinha até, em São Paulo, o Fernão Bracher, que cuidava da área de câmbio, trabalhou conosco e deu uma contribuição excepcional. Por ocasião do Plano Cruzado, o Funaro,[13] que era amigo dele, o convidou para ser diretor da área internacional do Banco Central. Ele se desligou e foi ser diretor do Banco Central. Quando saiu, a Seguradora Atlântica, do Antônio Carlos de Almeida

---

[12] Clemente Mariani Bittencourt (1900-1981) foi um empresário, advogado e político. Formado pela Faculdade de Direito da Bahia em 1920, entrou para a política em 1924 como deputado estadual pelo distrito de São Francisco. Participou da formação do Partido Social Democrático (PSD) da Bahia em 1933, mas afastou-se da política durante o Estado Novo. Em 1942, tornou-se diretor do Banco Comercial da Bahia e do Banco da Bahia. Em 1945 voltou para a política, tendo sido deputado e ministro da Educação e Saúde até 1951, quando retornou à atividade bancária. Em 1954 foi presidente do Banco do Brasil e em 1961 assumiu o Ministério da Fazenda.

[13] Dílson Funaro (1933-1989) foi um empresário formado em engenharia. Em 1969 assumiu a Secretaria de Planejamento do governo Abreu Sodré e no ano seguinte a Secretaria de Fazenda do Estado de São Paulo. Em 1985, foi nomeado presidente do Banco Nacional do Desenvolvimento Econômico e Social (BNDES) e assumiu o Ministério da Fazenda no mesmo ano. Pediu demissão em 1987, após o fracasso do Plano Cruzado.

Braga,[14] o convocou e ele foi diretor da seguradora. E quando o banco achou que tinha que ter alguma filial fora — o banco era muito restritivo, a primeira foi em Nova York —, o seu Aguiar fez o empenho de que o Fernão viesse conosco novamente para a inauguração da agência. Isso em 1982, em Nova York, mais como um ponto de apoio, não tem nada a ver com o varejo. O Fernão foi convocado, com toda a *expertise* dele, para colocar o banco funcionando fora. Depois ele acabou sendo convidado para presidir o Banco Central. E criou o BBA, com um colega que era vice-presidente nosso, o Antônio Beltran Martinez.

De bancos de porte, tinha o Auxiliar, de São Paulo, e o BCN, do Pedro Conde.[15] Tínhamos cogitado também comprar um banco do Rio Grande do Sul, mas havia uma relutância, pois a avaliação foi um pouco reticente. E, quando compramos o BCN, o banco espanhol BBVA tinha fechado negócio com o Pedro Conde, mas como tinha havido uma licitação do banco e não tinha havido concorrente interessado, o Banco Central exigiu que quem comprasse o BCN teria que comprar também esse banco lá do sul. O BBVA

---

[14] Antônio Carlos de Almeida Braga (n. 1926) foi dono da Atlântica Seguros, que posteriormente fundiu-se ao Bradesco Seguros. Por conta de desentendimentos com Amador Aguiar, deixou o Bradesco.

[15] Pedro Conde (1922-2003) foi um banqueiro formado em medicina pela Universidade Federal do Rio de Janeiro (UFRJ). Foi dono do Banco de Crédito Nacional (BCN), fundado em 1929. Na década de 1990 o BCN fundiu-se com o Bradesco.

Senda de um executivo financeiro

relutou, então compramos o BCN. Ele era amigo e, quando falamos com ele, disse que nem tinha sonhado que a gente pudesse ter interesse. Compramos o Inco, que era um banco de Santa Catarina que tinha uma rede, na ocasião, de quase a metade das agências do Bradesco e que propiciou o remanejamento. Assim o banco estendeu bastante a sua presença dentro da geografia nacional. Compramos também alguns outros bancos estaduais. Mas, sempre, com o objetivo de estar bem ramificado nas várias áreas, ampliando a rede.

Quando os Correios fizeram licitação para ter a presença de um representante dos bancos nos Correios, para atender a clientela na área financeira — e, naturalmente, eles teriam participação em tarifas, teriam também interesse —, nós arrematamos. E entrosamos muito bem, porque estavam praticamente em quase todos os municípios, o que era uma vocação nossa. Naquela altura, já era tudo online e *real time*. Mas o governo, depois de 10 anos, resolveu fazer outra licitação, e dissemos, na ocasião — era Antonio Palocci o ministro da Fazenda —, que só se fosse uma decisão política, porque, fora disso, ninguém ia se arriscar a comprar um banco que estava nas nossas mãos. Era um investimento muito grande. Ele falou: "Não, a parte política não entra nisso". Mas, na licitação, não só o Banco do Brasil como a Caixa entraram nos lances de licitação. Brigaram entre si. O Bradesco estava concorrendo, e o Banco do Brasil é que deu o lance maior. Foi,

Duas paralelas: a ascensão na carreira e o crescimento do banco

claramente, uma decisão política. E tínhamos seis meses para entregar todo o plantel lá de agências. Porque o banco que fosse entrar — no caso, o Banco do Brasil — tinha que se articular, pôr equipamento, selecionar gerentes e tudo. Como os ativos da presença do banco nessas unidades eram contabilidade Bradesco, tínhamos interesse em preservar algum percentual desse ativo que tínhamos, de correntistas e tudo mais. E uma inspiração surgiu da área do varejo: em seis meses, abrimos mil agências, que guardavam relação com as agências que tínhamos em melhor posição nos Correios. Lotamos todas as agências com gerentes que fomos recrutando, gente que estava na rede em atuação, já muito próximo — ou nem tanto, às vezes — para gerenciar, mas dentro da linha do banco de não trazer executivo de fora. Nesse período, pusemos os mil gerentes dessas agências, o que atendeu plenamente um pouco do ativo que veio do relacionamento com os Correios e também a expansão da rede que a gente sempre desejou.

Uma coisa interessante na história do Bradesco é que é um banco que se preocupou desde sempre com a inovação tecnológica. Foi o primeiro banco brasileiro a ter um computador.

A primeira empresa e o primeiro banco. O IBM é de 1961. Pagamos com antecedência, mandamos o cheque para a IBM, entregaram dois anos depois e devolveram a diferença, porque estava mais barato. [*risos*] Tem uma fotografia aí em que estou com o seu Aguiar e o gerente da IBM assinando o contrato do IBM 1401. A memória desse computador era de quatro kilobytes [4 kB].

Assinatura do contrato de compra do computador de grande porte IBM 1401, em 1961. Primeiro na América Latina. A partir da esquerda: Octávio Magdalena, José Bonifácio de Abreu Amorim, Amador Aguiar, Laercio Rocha de Moraes e Lázaro de Mello Brandão. Osasco.
Acervo Bradesco

Duas paralelas: a ascensão na carreira e o crescimento do banco

Ainda nos anos 1960, em 1967, o Bradesco foi o primeiro a receber declarações de Imposto de Renda de Pessoa Física.

Em prestação de serviço, o banco sempre esteve à frente. Atendia, de maneira genérica, a clientela e todo o serviço que pudesse trazer — o cliente que vinha entregar o imposto podia ser correntista. Nisto o banco foi pioneiro. O recebimento das contas de energia elétrica, água e outros foi iniciativa do banco. O banco oferecia às concessionárias seus serviços através de seus boxes de caixa. Em 1985, inauguramos o Alô Bradesco, para atender insatisfação de clientes, antecipando-se ao Código de Defesa do Consumidor, lançado em 1990.

O Bradesco foi pioneiro também no cartão de crédito no Brasil.

Foi o primeiro banco do Brasil a lançar um cartão de crédito nacional, o Cartão Bradesco, de 1968, responsável por democratizar o acesso a esse produto no país, numa etapa da vida brasileira em que o comércio desconhecia o sistema de cartão de crédito. Em 1971, fortalecido pela receptividade do cartão, o Bradesco começou a popularizar o novo negócio. Reuniu um *pool* de bancos médios e pequenos, em número de 22, mais a Caixa Econômica do Estado de São Paulo e o Bank Americard, que se associaram ao Bradesco, e surgiu o Cartão Elo. No princípio, foi um *corporate card*, cartão empresarial.

Por que se organizou um pool?

Senda de um executivo financeiro

O *pool* foi organizado para dar volume ao negócio na espécie e a coordenação era feita pelo Bradesco. Em 1986, gradativamente, o Cartão Elo foi desaparecendo, dando lugar ao Cartão Bradesco Visa. Mas, em 2011, a Bandeira Elo foi relançada nas versões crédito, débito e pré-pago (uma bandeira 100% brasileira). Para a iniciativa, o Bradesco associou-se ao Banco do Brasil e à Caixa Econômica Federal. Conta com quase 100 milhões de cartões emitidos, sendo dois terços pelo Bradesco.

A inovação tecnológica é hoje em dia cada vez mais importante...

Agora temos a biometria, presente em todas as agências. Ela foi implantada em 2006 para facilitar e agilizar as transações e hoje está em todas as máquinas de autoatendimento do Bradesco e nas da rede do Banco 24Horas. Atualmente, são mais de 13,5 milhões de contas ativas com uma tecnologia que utiliza a leitura das veias da palma da mão para validação das transações. Ela "ilumina" sua mão e captura a imagem do fluxo sanguíneo que está correndo pela palma da sua mão. Se não houver fluxo sanguíneo, não há identificação positiva da biometria. Desde dezembro de 2012, as operações de saque e consulta de saldo podem ser realizadas sem a necessidade de utilizar o cartão de débito. A biometria Bradesco está consolidada e reforça, além do aspecto da segurança, a percepção do cliente de rapidez e conveniência. Essa forma de autenticação foi escolhida pelo

Duas paralelas: a ascensão na carreira e o crescimento do banco

Bradesco por ser uma das mais seguras, não clonável, já que as veias da palma da mão são únicas.

O Bradesco sempre foi atilado no avanço tecnológico. O Bill Gates, no seu livro *A empresa na velocidade do pensamento — com um sistema nervoso digital*,[16] diz: "Em 1996, o Bradesco tornou-se a primeira instituição financeira do Brasil — e a quinta do mundo — a usar a Internet para oferecer serviços bancários. No verão de 1998, tornou-se o primeiro banco do mundo a oferecer serviços online para deficientes visuais. Um sintetizador de voz lê em voz alta o conteúdo da página da Web para o usuário".

O mundo dos bancos é cada vez mais digital e online; 94% da frequência do cliente do banco se dá no regime online — *real time*. Antes do sistema digital, os guichês das agências eram sempre lotados. Passamos para o autoatendimento digital com relativa tranquilidade, desafogando os guichês de caixa e oferecendo ao cliente atendimento igualitário em qualquer unidade Bradesco.

---

[16] O livro foi escrito por Bill Gates e Collins Hemingway e lançado em 1999 com o título de *Business @ the speed of thought*.

Passagem da posse da diretoria ao senhor Lázaro Brandão.
Com Amador Aguiar. Osaco, 12 fev. 1980. Acervo Bradesco

Assumindo o comando

O senhor foi ascendendo posições até o Amador Aguiar lhe passar a presidência executiva, em 1981, e em 1990 ele lhe passou a presidência do conselho. Ele faleceu pouco depois, em 1991.

Durante alguns anos, acumulei os dois cargos. Acho que durante nove anos. Depois transferi a executiva para o Márcio Cypriano,[17] que passou para o

---

[17] Márcio Cypriano (n. 1943) é formado em direito pela Universidade Mackenzie. Começou a trabalhar no Banco da Bahia e, quando este foi incorporado ao Bradesco, seguiu no novo banco, no qual chegou a ser presidente executivo durante 10 anos. Foi também presidente da Comissão Nacional de Marketing Financeiro da Federação Brasileira de Bancos (Febraban).

Senda de um executivo financeiro

Trabuco.[18] Mas ambas as minhas promoções foram indicação direta do seu Aguiar. Como já disse, próximo ou não, trabalhei 47 anos com o seu Aguiar. Foi o tempo que ele trabalhou aqui. E perto, ou nem tanto, dependendo da fase, eu sempre estava próximo e dava assistência constante para ele, ou ponderava muita coisa. Já contei que ele tinha sido tipógrafo, quando jovem, e ele ia quase diariamente para a gráfica que tínhamos aqui, e, quando tinha algum cliente, ele fazia questão de levar, mostrar os detalhes lá da gráfica. Um dia, me chamou para ir com ele até lá e no caminho perguntou se eu achava que estava preparado para assumir a presidência executiva. Falei: "Nunca deixei de me preparar para isso". [risos]

Foi uma surpresa para o senhor, ou não? Ele conversava sobre isso?

Havia uma expectativa. Porque, para ele, a presidência já exigia mais tempo disponível. E ele tinha confiança, não é? E depois, quando ele já se sentiu sem forças para continuar no conselho, me indicou direto também. Isso, em 1990, e acabou falecendo em 1991. De 1984 a 1986, cedeu

---

[18] Luiz Carlos Trabuco Cappi (n. 1951) é formado em filosofia pela Universidade de São Paulo. Começou a trabalhar no Bradesco aos 18 anos. Em 2003 assumiu a presidência do Grupo Bradesco Seguros e Previdência. Em 2009, assumiu a presidência executiva do Bradesco.

Assumindo o comando

a presidência do conselho para o Antônio Carlos de Almeida Braga, que era da Atlântica Seguros. Mas não deixou de estar presente e atento. Quer dizer, o Braga tinha que se cuidar, porque ele não se ausentou. Entregou mais por uma homenagem ao Antônio Carlos.

Emendando um pouco as coisas, um executivo da Atlântica, que era do Braga, trouxe um projeto, que batizamos aqui de Top Clube, de usar a rede para vender seguros, o seguro miúdo, de carro, de bens. E estimulando gerentes, que teriam uma participação percentual sobre as vendas. Isso tinha um atrativo indiscutível e o funcionário que vendia e tinha uma comissão permanecia, porque ficava, naturalmente, mais animado. Participaríamos da Atlântica, com reciprocidade na parte de controle; e também teríamos o ganho dessa atividade de seguro, que o banco, no passado, tinha desconsiderado. O banco chegou a criar uma companhia de seguro, porque tudo tinha que se levar em conta, mas não se estimulou essa companhia, que foi vendida e depois passou para a Porto Seguro. É uma patente que o banco criou que hoje é a Porto Seguro. Bom, então, houve essa participação recíproca do controle com a Atlântica. E quando o Boavista, que era uma outra companhia de seguros do Rio, resolveu sair da atividade, disputaram SulAmérica e Atlântica, mas a Atlântica é que comprou o Boavista. E já tendo comprado a Atlântica Boavista, então, tínhamos as condições de parceiro, porque era Atlântica e Atlântica Boavista, pela

Senda de um executivo financeiro

incorporação. Foi quando veio essa proposta de usar a rede. O projeto convencia.

Mas o seu Aguiar tinha predileções pelo Antônio Sanchez de Larragoiti Jr.,[19] da SulAmérica, de quem era íntimo. Então, dissemos para esse executivo do Boavista: "Você tem que trazer a SulAmérica, senão não posso levar para o Amador". Ele rateou um pouco, mas não tinha alternativa. Convenceu a SulAmérica que deveria participar e, então, se criou um trio nessa área. E todos tinham participação de controle recíproco. Já tinha a Atlântica e acrescentou a SulAmérica. E tanto o Braga, que era a Atlântica, como o Leonídio Ribeiro, pela SulAmérica, passaram a ser conselheiros do banco. No curso do trabalho, houve um desentendimento... Nessa altura, já era a Beatriz Larragoiti, filha do Antônio Larragoiti, que se desagradou de alguma coisa e resolveu rescindir a participação. O seu Aguiar facultou que o Braga comprasse essa ação da SulAmérica. Ele ficou com uma posição bem substancial. Foi quando o seu Aguiar também deu oportunidade para ele assumir o conselho. E depois, a coisa também já não estava tão de acordo com as perspectivas, o seu Aguiar, o banco propôs à Atlântica Boavista comprar a Atlântica, que estava sozinha nesse programa de utilização da rede. A seguradora

---

[19] Antonio Sanchez de Larragoiti Jr. fundou a Sul América Capitalização em 1929.

Assumindo o comando

Atlântica é mais antiga do que o Bradesco, a SulAmérica também.

Foi quando o banco enveredou para fazer algo na área da educação, a Fundação Bradesco. Em 1961, Jânio Quadros criou um decreto em que as empresas que propiciassem o grau de educação primária para os filhos de funcionários teriam um ganho fiscal. Desobrigava o Estado, não é? Então, mostramos aquele decreto para o seu Aguiar — era o meio do ano: "Vamos já construir o prédio aqui", para, no ano seguinte, ter o ano letivo. Foi a primeira escola que o banco fez. E o embaixador Assis Chateaubriand, que de vez em quando visitava o seu Aguiar, quando chegou aqui, ficou maravilhado e escreveu um artigo no *Diário* — "Pau de matar cobra", foi o título. No artigo, ele se dizia encantado com o que ele viu realizado aqui e que se propunha a proteger o funcionário e o filho de funcionário. Tanto que a escola aqui se chama Assis Chateaubriand.

Posteriormente, com base no retorno que vinha da seguradora, pelo fato de usar a rede, achou-se que poderia criar mais escolas, para dar uma ajuda para o país, porque é uma área que sempre foi carente, especialmente em qualidade. Então o banco foi criando escolas, e a Fundação Bradesco recebia sempre doações, nos balanços, porque ela podia ser útil na área social. Se vislumbrou que esses recursos eram suficientes para ir ampliando, e se decidiu que o banco colocaria uma escola em cada estado. Todos os estados teriam uma unidade da escola, com as mesmas prerrogativas, as mesmas condições, o mesmo método e tudo. Em alguns estados, em São Paulo, por exemplo, tem duas em Osasco, uma em Campinas e em Registro. Temos mais de 100 mil alunos no total e, socialmente, é um trabalho reconhecido, importante, muito demandado, porque é tudo em áreas carentes. Todo o curso é gratuito, seja o material escolar, o uniforme, a assistência médica, então a demanda é muito grande.

Lázaro Brandão e Amador Aguiar na celebração do Dia Nacional de Ação de Graças de 1980. Osasco, 27 nov. 1980. Foto de José Escandon Sanches. Acervo Bradesco

O senhor já mencionou vários bancos que não sobreviveram ao longo do tempo. O Bradesco sobreviveu a todos. A que o senhor atribui isso? À gestão?

É claro que não é só isso, mas a filosofia do banco, trabalho muito bem vigiado e produtividade. Tanto que na questão de eficiência o banco tem melhorado sempre. O que significa produtividade, estar próximo da meritocracia. Então, isso tem dado ao banco essa oportunidade de estar preparado — como surgiu agora com a compra do HSBC, numa época de crise séria do país, mas o banco encarou como uma oportunidade única. Porque os bancos adensaram, quer dizer, foram se juntando. E, com esse adensamento, tem só dois privados com porte, o Itaú e o Bradesco, um estrangeiro, o Santander, e dois públicos, que são o Banco do Brasil e a Caixa. A explicação é que os bancos descuidaram um pouco do dia a dia. Então, acho que é muito a questão de discernimento. Porque havia bancos tradicionais que abriram a guarda um pouco, não é?

Temos que estar também sempre atentos a outras formas de receita. A seguradora tem relevo em sua área, temos 25% do mercado e participação de 1/3 no lucro do banco por equivalência. Para banco de varejo, que é o nosso, as tarifas de serviços também são fundamentais. O complemento das tarifas está no POBJ (Programa de Objetivos), que tem orçamento próprio, medindo variedade de demandas.

Senda de um executivo financeiro

O senhor mencionou principalmente uma característica interna, de como se deve estar atento à melhor opção a se tomar, mas tem uma característica, também, de relacionamento com o governo, com o poder público, que estabelece normas, regras, o que é que pode.

Sim, mas ele adota a critério dele para todos. Vamos chamar de regalia, ou usos públicos, não é? Por exemplo, o Fundo de Garantia do Tempo de Serviço é um dinheiro substancial e barato. Juros de 3% a.a., que recebe o depositante, e vai para a Caixa. Quer dizer, o banco privado não pode competir. Depósitos judiciais, obrigatoriamente, são o Banco do Brasil ou CEF. E é muito dinheiro.

Ao longo do tempo, também, vários bancos estrangeiros chegaram, mas não ficaram.

É a ambientação. Porque, quando o HSBC veio, comprou o Bamerindus, que tinha uma rede, e ficou preocupado, porque na agência tinha fila para utilizar serviços. Ele falou claramente: "Vou acabar com a fila". Ia fazer uma coisa inusitada: acabar com a fila. E ele só conseguiu quando fechou a rede de agências. Daí não tinha fila. [*risos*] Naturalmente, precisa ter um descortino, para ver as coisas realmente como são. Por exemplo, o Banco do Brasil está aqui há mais de 200 anos e conta com o beneplácito de banco oficial.

Quando o senhor fala de ambientação, o senhor se refere também, de alguma maneira, a um bom relacionamento com o setor público, com políticos?

Tem que ter, evidentemente. Ajudávamos as campanhas. Agora está proibido fazer contribuições. Sempre ajudávamos não identificando propriamente a quem destinava. Levava em conta os postulantes, mas sempre dávamos ao partido, para ficar bem isento. Mas nessa campanha de 2016 para a prefeitura já não há mais essa contribuição.

Lendo a biografia do Amador Aguiar, fica muito marcante a relação dele com o ex-governador Laudo Natel.

Já contei que o Laudo tinha sido companheiro do Aguiar no Banco Noroeste, em Lins. Quando veio para o Bradesco, o Amador Aguiar trouxe seis funcionários de categoria para acompanhá-lo nessa missão, e o Laudo Natel veio junto. Depois, pelo relacionamento, ele acabou se interessando muito por esporte, por futebol, e acabaram indicando-o para disputar a eleição. Naquele tempo, o governo e o vice eram distintos. Então, o Laudo disputou a vice-governadoria e o Ademar[20] era candidato ao governo. O Ademar se elegeu e

---

[20] Ademar de Barros (1901-1969) foi um empresário e político. Iniciou sua carreira no Partido Social Progressista (PSP), por onde foi eleito governador de São Paulo em 1947, prefeito em 1957 e governador mais uma vez em 1963. No decorrer deste mandato, teve seus direitos políticos cassados em 5 de junho de 1966. Foi substituído por Laudo Natel, então vice-governador. Ademar de Barros saiu do país e veio a falecer em Paris. Ver Israel Beloch e Alzira Alves de Abreu (Coord.), *Dicionário histórico biográfico brasileiro*, op. cit.

Senda de um executivo financeiro

ele também. Depois de eleito, o Ademar o convidou para conhecê-lo. Quando o Ademar saiu, ele assumiu.

O Ademar foi afastado pelo governo militar.

O Laudo assumiu e se entendeu bem com o pessoal em Brasília. Passado o mandato seguinte, se candidatou e ganhou a eleição para governo. O Laudo teve um mandato curto e, depois, um mandato normal. Tinha outros também que vieram com ele. Cada um foi para um canto. Mas ele trouxe os que ele tinha mais contato no Noroeste. E um deles foi o Laudo, que está fazendo 96 anos.

E os governadores seguintes? São Paulo teve uma leva de governadores muito marcantes, como o Paulo Egydio Martins,[21] que nos apresentou.

---

[21] Paulo Egydio Martins (n. 1928), empresário e político. Atuou no movimento estudantil e bacharelou-se em engenharia civil pela Escola Nacional de Engenharia (da atual UFRJ) em 1951. Empresário, concorreu nas eleições de 1965 à prefeitura de São Paulo pela UDN. Entre 1966 e 1967, ocupou o Ministério da Indústria e Comércio. De 1975 a 1979 foi governador do estado de São Paulo, durante o governo de Ernesto Geisel. Membro da Arena, após a reestruturação partidária integrou-se sucessivamente ao Partido Popular (PP), e ao PMDB (do qual se desfiliou em 1985). Filiou-se em 2006 ao PSDB. Ocupou várias funções na iniciativa privada. Ver Egydio, Paulo. *Paulo Egydio conta*: depoimento ao CPDOC/FGV. São Paulo: Imprensa Oficial do Estado, 2007.

Assumindo o comando

É outra coincidência: o irmão da minha esposa, Pedro, que era engenheiro, chegou a criar uma usina de açúcar em Orlândia — a família do sogro, que é Junqueira, era da região —, e se aproximou muito do Paulo. Esse Pedro tinha uma adega com vinhos bons, e estavam sempre se comunicando. Quando o Paulo assumiu o governo, nomeou meu cunhado secretário da Agricultura. Só para mostrar a proximidade. A gente tinha contato com ele pelo meu cunhado.

Mencionamos o Laudo Natel, que foi vice do Ademar, que foi cassado depois de 1964; o doutor Paulo Egydio, que foi governador em um momento político muito importante, ele ficou muito alinhado com o presidente Geisel, a favor da abertura. Quer dizer, ao longo dessa história, houve momentos de eleições democráticas, momento de golpe, de fechamento, de abertura, de transição. Isso tudo aconteceu na política. Em que medida isso dificultava ou facilitava? Como o banco, na história, lidou com essas conjunturas políticas?

O banco, em religião ou em política, mantém o respeito, mas não cria proximidade. Respeita ou, às vezes, leva algum assunto de interesse para debate, a título de colaboração, mas sem muita proximidade.

Pode ser que o banco às vezes não procure proximidade, mas às vezes pode ser que algum político queira a proximidade. Tem

Senda de um executivo financeiro

algum momento que o senhor acha, nessa história, que foi mais difícil para o banco?

Não. Particularmente para nós, não. Por exemplo, quando congela preço, dá um tranco em tudo, mas vale para todos. Quando o Collor cassou a poupança, prejudicou o banco, mas prejudicou a todo mundo, não é?

Nesse sentido, o que atrapalhava eram mais as ações dos políticos e os planos econômicos do que uma relação pessoal.

Ah, sim! Pessoal não tinha. A não ser o Sarney, que acho que tinha um pouco mais... Tinha o José Aparecido,[22] que era bem ligado a nós e que doou o terreno para o banco construir a escola em Brasília. É um exemplo. Tinha muita proximidade e vinha com frequência aqui. José Aparecido estava conosco, quando veio uma comunicação de que Brasília tinha se tornado patrimônio da humanidade.

Mas tem algum período que o senhor acha que foi mais difícil, que lhe deu mais dor de cabeça?

---

[22] José Aparecido de Oliveira (1929-2007), filiado à União Democrática Nacional (UDN), foi redator político do jornal *Correio do Dia* e trabalhou no Banco Nacional de Minas Gerais. Sua carreira política começou como um dos deputados federais mais votados da UDN em 1962. Foi também ministro da Cultura (1988-1990) e embaixador do Brasil em Lisboa.

Assumindo o comando

O do Collor foi uma coisa muito violenta e deixou muita gente desamparada, empresas, pessoas físicas, e vinha norma uma atrás da outra. Me lembro que aqui, na área do *mainframe*, dos computadores, o pessoal estava preocupado, porque na hora que estava completando uma mudança, vinha outra e tinha que refazer. A gente percebia que o responsável pela área estava muito tenso. Hoje ele é conselheiro. Perguntei: "O que pode acontecer?". Ele falou: "O banco pode perder a memória. Porque, se ficar alterando demais, uma hora perde a memória", "Isso não pode. Então você completa primeiro as mudanças do digital e deixa a outra que veio na prateleira. Na hora que completar uma, você põe a outra". Porque vinha norma que alterava a anterior. Mas dávamos um tempo para poder agir. Não interromper o que estava fazendo para refazer. Foi um transtorno muito grande. E sacrificou os que tinham chance de se defender e outros que nem tinham, não é verdade?

Então o senhor acha que esses planos "heterodoxos", como a gente chama, foram os piores?

Foram desafios. Porque planos econômicos houve vários, mas o do Funaro, o Plano Cruzado, congelou os preços e, em decorrência desse ato, o *floating* acabou. Se tem estabilidade, não tem *floating*. Então, se chega hoje, amanhã ou depois de amanhã, é tudo igual. Esse foi um tranco grande. E, na ocasião, tinha que fazer uma adaptação forte. Nessa

Senda de um executivo financeiro

altura do Plano Cruzado, vimos que não dava para contemporizar e fechamos 400 agências e 200 postos bancários, para enxugar um pouco, esperar ir recompondo.

E aí, até o Plano Real, vão ser altos e baixos, um plano atrás do outro.

Esse foi de fato real e estabilizou a economia.

O Bradesco e a concorrência na disputa pela liderança

Nos anos 1970, o doutor Amador Aguiar e o Walter Moreira Salles, do Unibanco, chegaram a pensar em fundir os dois bancos, mas isso não se concretizou. Como foi essa história?

O banco, em vários estudos que fez, nunca fundiu. O Itaú faz com frequência, e depois acaba absorvendo. Aqui sempre compramos e ficamos com o controle, é uma política do banco. Porque, pelo nosso estilo, fazer uma fusão e dividir o comando não é fácil. Geralmente tem uma distância de pensamento. Mas o seu Aguiar tinha ideias relâmpagos. Então um dia, no Rio, ele pegou um táxi e procurou o Walter Moreira

Senda de um executivo financeiro

Salles,[23] apareceu de manga de camisa, e falou para ele: "Está na hora de a gente juntar os trapos". O Walter topou na hora. Naquela ocasião, já se presumia que teria que haver soma de sistema financeiro, incorporações, para ter, naturalmente, um desempenho melhor. E ocorreu ao seu Aguiar de propor fundir os bancos. Ele, pessoalmente, decidiu propor ao Walter Moreira Salles.

Ele não consultou antes o conselho?

Nada, nada. Ele foi lá e surpreendeu o Walter, propondo.

O Bradesco só pensou em fusão mesmo nessa época do Unibanco?

O Amador, não é? [*risos*]

Então a surpresa foi aqui também... O que as pessoas aqui pensaram quando ele voltou e disse que resolveu a fusão com o Unibanco?

Os jornais já estavam estampando a notícia.

---

[23] Walter Moreira Salles (1912-2001), formado em direito na Universidade de São Paulo (USP), foi sócio da Casa Bancária Moreira Salles, futuro Banco Moreira Salles, que veio a se fundir com o Unibanco em 1975. Foi ministro da Fazenda e embaixador do Brasil em Washington.

Vocês não ficaram surpresos?

Sim. Mas, enfim... Ele podia, não é?

Ele não conversou mesmo antes, aqui? "Olha, estou com uma ideia..."

Ah, imagina! Quando ele saiu da Álvares Penteado e veio para Osasco, para a Cidade de Deus, ele teve todo mundo contra. Porque aqui era zero de estrutura: telefone, energia, estrada. Fez a mudança contrariando a todos. Resolveu fazer: se gostar, gostou; se não gostou, gostasse, não é? Ele tinha esse poder.

Depois o senhor o sucedeu no banco. O senhor mantém alguma coisa do estilo dele?

Procuramos ter uma coesão monolítica, do trabalho do pessoal, e com tarefas que a gente dá, e criando condições que deem um pouco mais de conforto. Isso nós fizemos.

Voltando à fusão com o Unibanco, eles acharam uma boa ideia?

O Walter, em princípio, achou que sim e pediu assistência jurídica. Não tínhamos pedido, mas ele sim. Naquele tempo, eram advogados que tinham renome que, vendo o que estavam querendo realizar, criaram um protocolo, que

Senda de um executivo financeiro

determinava inclusive que o Walter, pelo estilo dele, ficaria na presidência do conselho, e o seu Aguiar, que é do batente, ficaria na executiva. E, claramente, com o aval, com o consentimento do governo, que tinha que autorizar. O Delfim, que era o "czar" da economia, endossou totalmente. Esse protocolo saiu, foi assinado, e foram criadas duas comissões, uma aqui e uma no Unibanco, para criar os detalhes da fusão. E, nessas comissões, já não havia muito o sentimento de fazer a fusão, nem aqui nem lá. [risos]

Por que não havia?

Eram estilos diferentes. Lá, se julgavam superiores, em princípio, no sentido de cultura. Havia uma certa distância. Porque eles tinham, vamos dizer assim, o seu galardão. E aqui era gente realmente simples na maneira de se compor ou atuar. E eles tinham, naturalmente, ou por formação, pretensões de que seriam os galardões. Assim, nas entrelinhas. Então, o relacionamento tinha uma certa cisma. Quando a comissão veio aqui — eram todos bem preparados, alinhados —, fomos almoçar na Cidade de Deus. Fazia um sol de rachar e eles molharam a camisa, andando. Para eles, já foi um choque. Lembramos até hoje que eles ficaram esbaforidos e disseram: "Francamente, no que estamos nos metendo?". E foi criando uma certa displicência nesses encontros, que foram sendo postergados. Foi entrando num período

O Bradesco e a concorrência na disputa pela liderança

de... não digo bem desinteresse, mas sem muita animação, e foi deteriorando, se esfacelando. Cada vez houve menos reuniões, ou os temas eram tratados com diferença de tom.

O seu Aguiar depois não quis mais, não ficou insistindo? Ou deixou para lá?

Ele deixou para lá. Quando saía qualquer assunto, não se empenhava, ou não ia procurar saber onde é que estava "pegando". Como o Walter, também. Então a coisa foi esmorecendo. Por isso que digo: se alguém batesse na mesa, as comissões não podiam fraquejar. Mas ninguém bateu na mesa, nem um nem outro e foi deixando passar.

Mas o protocolo está assinado. Um dia eu estava almoçando em Nova York com o doutor Walter, que proporcionava um almoço para os representantes do Brasil, e disse para ele: "Olha, aquele protocolo da fusão não foi desfeito, está de pé". [*risos*] Falei e ele não reagiu, não falou nada, me olhou assim meio estranho. Não sei o que pensou. Na semana seguinte, o Roberto Bornhausen,[24] que era o presidente do Unibanco, me perguntou: "Aonde você quis chegar, quando você falou aquilo?". [*risos*] Falei: "Foi brincadeira". Porque, de fato, o protocolo estava de pé. Não é que a gente quisesse rever ou retomar.

---

[24]   Roberto Konder Bornhausen (n. 1929) foi diretor do Banco Indústria e Comércio de Santa Catarina S/A — Inco; diretor, vice-presidente e presidente do Unibanco e presidente da Febraban.

Senda de um executivo financeiro

O seu Aguiar se dava bem com o Walter Moreira Salles?

Muito bem.

E com o Olavo Setúbal?

Também tinha um relacionamento. O Olavo com frequência vinha almoçar aqui. Mas a briga com o Unibanco tinha um tom e com o Itaú tinha outro.

Qual era a diferença?

Uma briga de crescimento. O Bradesco comprava banco; o Itaú também. Era uma briga permanente, pra valer. Então, isso guardava certo cuidado no relacionamento, nos componentes do comando tanto do Itaú quanto do Bradesco. Por exemplo, com o presidente lá — depois que o Olavo saiu, alguns outros presidentes, inclusive o Pestana,[25] que era português —, o relacionamento era perfeito. Agora, nessa competição, queriam mostrar que o caminho que estavam trilhando era melhor, que estavam melhores. Brigas assim, de bastidores. Com o Unibanco, era uma concorrência suave; com o Itaú, era forte.

---

[25] Carlos da Câmara Pestana (n. 1923) é um banqueiro português que comandou o Banco Português do Atlântico em Portugal e, no Brasil, dedicou-se ao Banco Itaú.

O Olavo era muito pretensioso, e isso era natural, pois tinha o pessoal dele formado na Politécnica. Quer dizer, doutores. Então achava que era só esperar. Não dava para quem tinha doutores no quadro se comparar. Era só questão de ter paciência e esperar. Nas entrelinhas. Mas ele dizia, reiterou, mais de uma vez, que a luta pelo primeiro lugar — porque o Bradesco ficou muitos anos no primeiro lugar — não era o objetivo final. Mas dava a entender que a comparação era desigual, eles estando melhores. Então era uma questão de tempo.

Não me lembro quem é que fez a biografia do Olavo.[26] Como tínhamos um relacionamento, pediram meu depoimento para o livro. Digo que eles tinham realmente cabedal, condições, eram respeitados, mas ele se equivocava quando deixava transparecer que o primeiro lugar seria uma coisa natural, que não era a luta dele, ele não ia dar o sangue para ser primeiro lugar. Ele tinha feito uma campanha acirrada — até barulhenta —, naquele tempo, na televisão, em que dizia: "Ajude o Itaú a ser o primeiro". Você via o dia todo na televisão: "Ajude o Itaú a ser o primeiro". Então, intenção tinha, e clara; não é que seria uma consequência. É isso que ponho no livro. Nesse período que ele fez essa campanha intensa, realmente avançou em relação ao Bradesco. Não ultrapassou, mas a diferença diminuiu. Na virada do ano

---

[26] Brandão, Ignácio de Loyola; Okubaro, Jorge J. *Desvirando a página*: a vida de Olavo Setúbal. São Paulo: Global, 2008.

Senda de um executivo financeiro

seguinte, retrocedeu rapidamente e ficou na situação anterior. O Olavo vinha almoçar aqui e um dia perguntei: "Qual é a explicação?". Ele falou: "Errei. Em vez de fazer propaganda modesta e longa, fiz intensa e curta". Então, passada a campanha, o cliente achou que já tinha atendido ao apelo e se desobrigou.

Em 2008 o Itaú e o Unibanco anunciaram a fusão...

É. Porque o Itaú é afeito a fusão.

Como é que o senhor soube?

Estávamos numa reunião, numa segunda-feira de manhã. Na presidência do conselho do Itaú estava o Carlos Pestana. Ele me telefonou: "Olha, temos novidades, acertamos aqui com o Unibanco uma fusão".

E o que o senhor respondeu?

"Tenham sorte. Tenham sucesso."

Mas aí passava a ser maior que o Bradesco, não?

Sim, em muitos pontos. Quer dizer, classicamente — isso pega patrimônio, depósitos. Nessa altura, ele suplantou o Bradesco. Agora, o banco atua na área de seguro. Na área

O Bradesco e a concorrência na disputa pela liderança

de seguros, temos 25% do mercado, estamos bem à frente. Na rede de agências, estamos em 1.200 pontos que não têm Itaú. Agora a economia está patinando um pouco, não é?

Deve ter sido um baque na época, uma surpresa, não?

Ah, sim!

Não foi uma boa notícia.

Não, mas o mercado é esse. A gente tem que saber lidar.

Agora, de lá para cá também o Bradesco recuperou espaço, com a compra do HSBC. Como foi a repercussão interna aqui no Bradesco? Foi um motivo de muita comemoração?

Ah, de euforia! Quando o presidente do HSBC comunicou a equipe dele de comando, falaram que os funcionários estavam torcendo pelo Bradesco. Porque aqui é como comunhão. Se o funcionário tem 20 anos de HSBC, vem para cá tendo 20 anos de Bradesco, se entrosa logo. Oficialmente, pagamos dia 1º de julho. Mas, realmente, o frontispício do Bradesco, só em outubro, por esses detalhes de ajuste. Quer dizer, já é Bradesco. Antes não podia haver comunicação, porque podia não sair o negócio. Agora já tem. A partir de 7 de outubro, o HSBC estará incorporado ao Bradesco. Comprar o HSBC dá-nos a possibilidade de um salto. E não

Senda de um executivo financeiro

teria outra oportunidade, porque os bancos já se consolidaram. Hoje, você tem três bancos privados de porte: Itaú e Bradesco, nacionais, e o Santander.

Como é que surgiu esse processo de negociação?

Eles que propuseram, fizeram uma licitação. Então, nos candidatamos.

Mas, aqui no Bradesco, imediatamente se decidiu que tinha que concorrer?

Ah, imediatamente! Percebemos que o HSBC estava, não digo bem desinteressado, mas sem nenhuma briga no mercado. Já havia saído do Brasil o BBVA, que era espanhol. A adaptação não é fácil. Cada país tem seus sistemas e critérios. E quando decidiram pela venda, nos interessamos, mas estavam muito pretensiosos, o que é natural. Achávamos — discutimos mais ou menos uns dois meses antes — que era a única oportunidade que tínhamos para dar esse salto. São 853 agências, é equivalente a 20% do Bradesco. E o Santander era um candidato natural, aqui havia comprado o Banespa e o Real. O Itaú apareceu, mas sem dar muita demonstração de interesse. E entramos. Pagamos um pouco salgado, mas sem outra oportunidade. Não tinha mais, não sobrou ninguém. Acho que ele está em 72 países. E aqui ele não ganhou escala. Estava mais ou menos marcando passo, e sem brigar, sem entrar nas grandes discussões. De modo geral, estava um pouco apático. Mas, na hora de negociar, ele puxou. E o Santander o salvou, porque, se não tivesse concorrente, o preço poderia ter sido menor.

O senhor está muito contente com essa aquisição, não é?

Sim! Isso foi proverbial. Deu para o banco um toque importante. O Bradesco cresceu mais ou menos 20%.

O senhor já mencionou que o Bradesco é um banco nacional e que nunca teve pretensão de ser um banco internacional.

Chamamos até de doméstico. Tem agência em Nova York, na Argentina, em Bruxelas, em Cayman... Mas é mais ponto de apoio. Em Nova York está no trigésimo andar; não faz varejo.

Esse caráter doméstico, o senhor acha que vai continuar?

Sim, entendemos que temos muito a fazer ainda no Brasil.

Mas agora, tendo menos espaço para crescer no Brasil através de aquisições, não há essa tentação internacional?

O Brasil, que foi a sétima potência econômica do mundo, endireitado, acertado, tem muitas oportunidades. Ainda mais para quem está em todo canto, em todos os municípios.

Senda de um executivo financeiro

Administrar um banco doméstico é mais fácil e com total domínio. No exterior, competir no varejo, é uma parada difícil. E muitos bancos estrangeiros têm apanhado muito no exterior. Quando houve aquela crise de 2008, o Credit Suisse apanhou nos Estados Unidos, e outros bancos grandes também. Competir não é fácil.

Vida pessoal, quando há...

O senhor acumulou durante 10 anos a presidência do Conselho de Administração e a presidência executiva do banco. Como foi ser presidente das duas coisas ao mesmo tempo?

Naquele tempo, era facultado, e a gente ficava aqui para definir quem viria para a presidência executiva, e ficava adiando. Hoje, tem seis meses de prazo. Porque, realmente, não é uma coisa própria. Pode acumular seis meses, por qualquer razão.

E aí, quando o senhor decidiu deixar de ser presidente do banco, em 1999...

Passei para o Márcio Cypriano, que tinha sido gerente-geral, cuidava da rede. E ele ficou até o limite de idade, 65 anos.

Senda de um executivo financeiro

Esse limite foi determinado quando?

Faz tempo. Porque já mudamos para 62, para quem for promovido agora. O Trabuco completa 65, que era o prazo anterior. Para os conselheiros não tem limite.

Lemos uma matéria na imprensa que dizia que foi o maior segredo, que ninguém sabia que o senhor ia deixar a presidência executiva e que foi de surpresa que a diretoria executiva soube e que até o próprio Márcio Cypriano também soube só no dia. É verdade isso?

Não. Soube com relativa antecedência.

Como é que o senhor o escolheu? Porque havia outros...

Ele tinha muito contato com a rede, que é um dado importante. Porque o que tem peso realmente é a rede, o cliente que vem, que faz empréstimo, paga a tarifa, compra no cartão de crédito. A matriz aqui é só um departamento de comando, não ganha dinheiro. A área técnica, também, arma as agências, mas não tem receita. Então, a rede é realmente a tônica.

Dez anos depois, o Cypriano saiu da presidência.

Por causa da idade. Ele já estava no conselho. Como o Trabuco já está no conselho.

Vida pessoal, quando há...

O Trabuco tem uma trajetória um pouco parecida com a do senhor, não? Começou em Marília como escriturário...

É. Ele atuou no marketing, na Fundação, na Pecplan, que cuidava de genética bovina... Antes de vir para cá, foi para a seguradora. Fez um bom trabalho lá.

E a Dilma convidou ele para ser ministro da Fazenda, não é?

Convidou. E reiterou.

E o senhor não deixou? Ou ele não quis?

Ele não quis. Ganhamos nós, pela sua competência, dedicação e comprometimento.

Na prática, para o senhor, o que significou deixar de ser presidente do banco e ficar só no Conselho? Alterou o que na sua rotina?

Menos deslocamento. Antigamente, a gente se deslocava, no trato com o cliente, por um acontecimento local ou regional, ou outras razões. E, de fato, ultimamente, perguntam se tenho corrido a rede. Pouco. Agora raramente vou a uma agência, para uma visita. Acontecimentos sociais e tudo me resguardo mais.

Senda de um executivo financeiro

O presidente viaja muito mais e visita muito mais.

Porque ele é que está na ação, na decisão.

O senhor tem um apartamento em São Paulo, no Itaim. Como é a sua rotina? O senhor vem todo dia para cá?

Hoje, cheguei 15 para as sete. Não é sempre assim, mas venho todo dia e fico o dia todo. Venho pela manhã para cá, o dia todo aqui. Às vezes, posso ter um ou outro compromisso, mas venho todo dia.

E o senhor fica até que horas aqui na Cidade de Deus?

Seis horas, seis e meia, por aí.

O senhor também tem uma fazenda. O senhor vai para lá com frequência?

Frequência desordenada.

Desde quando o senhor tem a fazenda?

Há 40 anos. Chama-se Fazenda Santa Esperança. Está situada em Itatiba, entre Jundiaí e Campinas, a 70 km da capital, com acesso em menos de 1 hora. Tem 150 alqueires, é dedicada ao reflorestamento de eucalipto, café, criação de

Vida pessoal, quando há...

fêmeas de *pedigree* holandesas, com prêmios em exposições e comércio das descendentes. É uma fazenda centenária, sede estilo colonial, com refinado acabamento. Própria para lazer. No topo da área, pedreira com produtos de qualidade, em fase de regulamentação para ser explorada.

O senhor gosta de ir para lá?

Sim. Mas tem que encaixar as coisas, fica secundário.

A sua agenda ainda é muito intensa, não?

É, porque há uma sequência de encargos. O banco tem seguradora, outras empresas, e cai tudo aqui. O cliente vem aqui quando tem realmente uma razão, não vem para papo nem nada. Então a Cidade de Deus permite nos debruçarmos em muitos assuntos com mais tranquilidade, mais calma. Essa é uma vantagem. Se estivesse na cidade, teria que ir para outro canto, não é?

Em algum momento o senhor pensou em parar de trabalhar?

É fato que tenha que me aposentar, porque a faixa etária já indica, mas fico teimando um pouco, não é? Porque, evidentemente, tem satisfação também. Às vezes, tem encargos mais pesados e tudo, mas acho que a vida fica mais organizada. Até para a saúde é melhor.

Pois é, deve fazer bem para a saúde trabalhar tanto. E o senhor cuida da saúde todo dia?

Três vezes por semana, tenho fisioterapia pela manhã.

Nas horas vagas, quando o senhor não está trabalhando no banco, o senhor gosta de ouvir música, de ler, de ver televisão?

Música, um pouco; leitura... Às vezes, a esposa reclama: "Você tem que dar um pouco de atenção para a gente aqui".

O senhor tem netos?

Um, que se formou... Primeiro fez engenharia por um tempo, depois cursou direito no Mackenzie. Pegou a OAB antes do diploma da escola.

João Pedro Brandão Solano Pereira e os avós, Lázaro de Mello Brandão e Albertina Tassinari Brandão, na apresentação Coral Santo Américo, Colégio Santo Américo. São Paulo, 10 mai 1998. Acervo pessoal

Vida pessoal, quando há...

E o senhor gosta de viajar a lazer?

São fases. Gostava, pagava para viajar; agora pago para não viajar.

Mas o senhor gostava de viajar para onde?

Europa era interessante, França ou Itália, Portugal; ou Nova York. Argentina, uma ou outra vez também. Chile...

E o senhor diminuiu agora as viagens?

Sim, pago para não ir. Agora tem a abertura das Olimpíadas. Temos que ir, porque estamos patrocinando. Mas depois tem uma sequência. Não fico, porque é mais para se olhar esporte, isso a gente vê na televisão. Achamos que acertamos bem o patrocínio da Olimpíada. Fazem algo impressionante. Houve uma festa aqui na Cidade de Deus. Tinha 1.400 alunos da fundação; do banco, tinha 12 mil pessoas. As Olímpiadas trouxeram uma aura de riqueza nas realizações e ambiente de relacionamento ímpar. Esse revezamento da tocha em 300 e tantas cidades... Percorreram o Brasil, em 327 municípios. Doze mil pessoas foram portadoras da tocha, símbolo da amizade e confraternização. No subconsciente permanecerá permeado o acontecimento.

Lázaro Brandão acendendo a pira olímpica comemorativa instalada na Cidade de Deus. Osasco, 21 jul. 2016. Foto de Egberto Nogueira. Acervo Bradesco

Olhando para o futuro do Bradesco e do Brasil

O banco teve, ao longo da história, poucas trocas de comando, teve presidentes que ficaram muito tempo. E agora está se aproximando uma nova troca, não é?

Não imediatamente, porque cogitamos mudar a jornada do presidente para mais dois anos,[27] por uma questão tática. O banco tem que se ater ao estatuto, é evidente, às normas, aos critérios, aos procedimentos, à composição. Mas o estatuto tem que se adaptar quando necessário. Há esse poder. Você não pode afundar, para ficar dentro do estatuto. O estatuto

---

[27] Em outubro de 2016, o Bradesco alterou a idade limite para o cargo de presidente de 65 para 67 anos, o que permitirá que o atual presidente continue no cargo por mais dois anos.

Senda de um executivo financeiro

tem que ser cumprido, mas não pode prejudicar a empresa. Foi convocada a assembleia, que ocorrerá em outubro, e lá será aprovada a alteração do Estatuto Social. Porque a diretoria tem um limite de 65 anos, isso inclui o presidente. Pretende-se dar ao presidente mais dois anos. O Itaú já fez isso. Convocamos a assembleia com esse objetivo. Temos um desafio pela frente que é a incorporação do HSBC. O presidente da diretoria tem papel fundamental para o sucesso dessa empreitada.

É uma forma também de acalmar um pouco as especulações, não?

Tivemos elogio interno e externo. Porque é uma especulação permanente. Vence o limite de idade, então, não pode ser reeleito. E quem é que vai? E o tempo vai encurtando, não é? E como o banco não traz executivo de fora, na ordem, deve ser um vice-presidente, que é quem está mais próximo do comando.

Foi iniciativa sua pensar nessa extensão?

Foi. Para não deixar para a última hora. Porque, pelo estatuto, o Trabuco deixaria a executiva.

E o senhor achou que era hora de mudar o estatuto, então.

Nesse item, sim. O Roberto alterou no Itaú. É questão de ver o que é prioritário. Quando deixei a executiva, entrou

112

Olhando para o futuro do Bradesco e do Brasil

o Márcio Cypriano. Quando venceu o limite de idade dele, saiu e entrou o Trabuco. Naquela ocasião, não havia nada de novo. Mas, agora, temos a incorporação do HSBC.

O país está passando um momento de crise econômica, uma recessão muito grande. Agora, parece que surgem os primeiros sinais de que o ano que vem (2017) não será tão ruim quanto este e o ano passado, mas, mesmo assim, não será um ano muito bom. Como o senhor vê esse cenário? O senhor acha que vai demorar?

Tem uma ação do governo mais apropriada, menos retrógrada, e ainda tem muita dependência do *impeachment*, para ficar mais à vontade.

Estamos a poucos dias de decidir o impeachment.[28]

É até o fim do mês. Ele [Michel Temer] tem tomado medidas. Mas, como tem que atender ao Congresso, balanceia um pouco. Evidentemente, é um sinal de trabalho mais obstinado, mais adequado. Por exemplo, os impostos, estão segurando, mas estão com o PIB recuando. A riqueza do país está indo para trás.

---

[28] Esta parte da entrevista foi realizada em 14 de agosto de 2016.

Senda de um executivo financeiro

Lázaro Brandão em depoimento a Celso Castro para o CPDOC/FGV, em 2016. Osasco.

Olhando a economia brasileira para os próximos dois, três anos, como é que o senhor acha que as coisas vão andar, após dois anos de recessão?

Muito lenta e gradativamente, mas vai melhorar.

O senhor acha que o fundo do poço, como se diz, já passou?

Já. Mas tem, ainda, muito entrevero. Remanescem no Supremo Tribunal Federal querelas sobre a correção do índice da poupança em planos econômicos. Datam de mais de duas dezenas de anos. Não há desvantagem para as partes.

Olhando para o futuro do Bradesco e do Brasil

Ao agente, o novo índice é aplicado ao devedor. Ao poupador, passa a contar com a estabilidade. Medida perfeitamente constitucional. Emanada do governo, que pode agir em caso de força maior em busca da estabilidade e do bem-estar social — O Fato do Príncipe —, referendada pelo Congresso Nacional.

Também no Supremo, espera-se o julgamento da Adin a propósito do desfazimento da adoção da Convenção 158 da OIT, sobre demissão imotivada. A Presidência da República desfez essa adoção e a Adin argumenta invalidade por não ter passado pelo Congresso. A OIT já desagravou o Brasil. Trazê-la de volta desorganiza a economia e, ademais, é matéria prescrita em nossa Constituição, que valida rescisão de contrato prescrevendo multa monetária. Disciplinar a terceirização, competência do Congresso, tem sido postergada. O TST entrou na matéria diferenciando meio e fim. O Supremo Tribunal Federal a julga. Neste emaranhado, é urgente defini-la. A regulamentação é prioridade para a competitividade. A Câmara dos Deputados já esgotou a matéria e tem esboço de lei que contempla solução.

O senhor acha que a economia sempre é decisiva na questão política? Se a economia vai bem, quem está no governo vai bem?

Sem dúvida nenhuma. Se está mal, todos ficam descalços, não é?

Senda de um executivo financeiro

Se o senhor tivesse que sintetizar o que seria a filosofia do Bradesco, por que o banco tem dado certo, o que é trabalhar aqui, o que o senhor diria?

Há, propositalmente, uma busca pela harmonia, equidade no trato, e todo mundo fica bem à vontade e tem voz, pode tratar de qualquer assunto, pertinente ou não. Ele tem liberdade e é considerado. Tanto que o cliente que for ao Rio, Porto Alegre ou Minas, certamente terá a mesma acolhida. O banco cuida disso, de ter uma harmonia. Uma coisa que deve ser muito rara: o banco não tem votação. Tem um assunto que se polemiza, discute, detalha e tem que se ouvir de novo, e depois prevalece o que se entendeu que é consenso, de alguma maneira. É uma situação peculiar, não é? Nem no conselho, nem na diretoria. Não tem votação.

Mas aí o senhor não acha que é por causa da sua liderança, da sua presença, que decide isso?

Acho que é a maneira como se organizou, se trabalhou, porque foi dada oportunidade a todos. Qualquer um que queira nos ouvir, por qualquer motivo, é só agendar e é atendido.

O senhor visita agências?

Com menos frequência. Cobramos muito do nosso pessoal a proximidade com a comunidade. Uma identidade de

Olhando para o futuro do Bradesco e do Brasil

propósitos. Essa identificação significa que, se o município está bem em qualquer área ou em qualquer trabalho, o banco está junto; se tem problema, se a chuva criou problema e tem que reconstruir, o banco está junto. Ou seja, o banco se identifica com o município; ele está junto. Isso também é uma coisa que cativa e que faculta o que a gente chama de fidelidade. Porque, para o banco, o avanço é ter cliente que cresce todo ano, mas mantém a fidelidade. Não é cliente que entra e sai. Pode entrar e sair, mas o forte é a fidelidade. A fidelidade pega filho, neto e por aí afora; quer dizer, familiariza, de alguma maneira, com o cliente. Isso é importante.

Essa fidelidade deve valer também para os funcionários, não?

Sim, temos o cuidado de proporcionar saúde e previdência privada para nossos funcionários. O banco subsidia seguro-Saúde para 250 mil vidas, funcionários e dependentes. Também oferece aos funcionários planos de previdência privada que são instrumentos de planejamento financeiro de longo prazo. Por meio de uma contribuição mensal, sendo 5% por parte da empresa e 4% do salário, o funcionário poderá programar uma aposentadoria confortável. Podem aderir ao plano todos os funcionários efetivos, diretores e conselheiros. Quanto mais cedo for a adesão, maior será a reserva acumulada. Se cancelar, recebe o seu dinheiro de volta, dentro das regras estabelecidas. Um total de 44% do quadro aderiu a esse plano.

Senda de um executivo financeiro

Outra coisa importante é que o banco hasteia a bandeira, diariamente, em todas as unidades. Um ato de civilidade. O banco hasteia as bandeiras do país e do estado em que esteja, em todas as unidades da escola ou do banco. Esses 9 mil pontos, de manhã, hasteiam as bandeiras, o que prova que o banco é um banco doméstico. No dia que falamos com a Dilma, ela ficou admirada. Nenhum órgão público faz isso, não é?

Talvez só as Forças Armadas.

É um sinal de apoio, de identidade, por respeito à pátria. Como capricho, em 1978, na fase da expansão da rede de agências, inauguramos a 999ª agência no Oiapoque, no Amapá, e a milésima em Chuí, no Rio Grande do Sul, mostrando a largueza da ocupação territorial.

Outra coisa que ficou muito na memória das pessoas: o atendimento. O banco tinha que sempre qualificar o cliente que chegava, porque tinha que estar sempre conquistando e orientando, e não deixar ser tratado sem consideração. E caprichamos.

Como o senhor já ressaltou, a maior parte das transações é hoje em dia feita pela internet, ou no caixa automático.

É, agora quase não tem gente que chegue e precise de orientação. Hoje, não justificaria ter uma pessoa especialmente para esse fim, mas no passado isso era importante.

118

Olhando para o futuro do Bradesco e do Brasil

Para encerrar essa entrevista, como o senhor vê o futuro do banco?

O Bradesco coloca-se hoje entre os bancos globais, ocupando a 23ª posição no ranking mundial, com ativos em reais de 1,3 bilhão, 100 bilhões de patrimônio e 160 bilhões de valor de mercado.

Insere-se em todos os municípios brasileiros. Somando agências e postos bancários, alcança 9 mil pontos de atendimento. Correspondentes são 40 mil. Funcionários, 110 mil. Temos, entre correntistas e poupadores, 86 milhões.

Mas há que se preocupar sempre com o legado. Para domínio da filosofia e realização, aos 70 anos compusemos a Cartilha Bradesco, entregue a todos os funcionários. A geração futura deve herdar a empresa fortalecida. Preceitos de *compliance* devem ser preservados. A coordenação deve alicerçar-se em bloco coeso de desempenho. O ambiente interno do pessoal deve refletir competência e entusiasmo. Esmerar no relacionamento com a clientela, para satisfação plena. Busca da fidelidade. Respeitar as autoridades. Abertura de relacionamento com o mundo que nos cerca.

Enfim, muito se fez e há ainda muito a fazer. O clima é sempre de desembaraço. Estamos todos, como se diz na gíria, "na ponta dos cascos". Temos cócegas pela boa performance. *Voilà*!

Posfácio

Lázaro de Mello Brandão

Os professores Celso Castro e Sérgio Praça, pela Fundação Getulio Vargas, propuseram-me uma entrevista sobre minha trajetória de vida, que inclui 74 anos a serviço do Bradesco, da fundação até hoje.

Senti-me honrado e me dispus a essa tarefa. Não me é habitual falar de mim, porém os professores lograram convencer-me da importância de registrar minha experiência no banco ao qual dediquei minha vida. Devo reconhecer que ao final fiquei satisfeito com o resultado, e agradeço a todos os envolvidos pelo esforço que tiveram em tornar este livro realidade.

Recentemente, de maneira sumária, tracei posicionamento sobre minha carreira profissional e paralelamente

Senda de um executivo financeiro

um perfil que resume minha carreira, tal como a vejo, e que reproduzo a seguir. As informações em si já se encontram no corpo da entrevista, porém achei (no que os professores concordaram) que seria útil incluir a narrativa panorâmica feita por mim mesmo.

Panorâmica

Abrindo posicionamento sobre minha carreira profissional, debruço-me nos anseios da juventude. De origem humilde, vivendo em pacata cidade do interior, visava a alcançar sustentabilidade própria.

A atividade bancária me fascinava. Entrelaçando os estudos fundamentais preparei-me para concurso de ingresso no Banco do Brasil, do governo federal, com promessa de conforto. Por razões acidentais, ingressei numa casa bancária, enquanto aguardava oportunidade de concurso. Adaptei-me e dediquei-me inteiramente.

No ano seguinte, a Casa Bancária alçou à categoria de banco, hoje o Bradesco. Ingressou o lendário Amador Aguiar para projetá-lo no cenário nacional. O primeiro passo foi transferir o comando para a capital do estado, onde convergiam os fatos econômicos mais relevantes. A concorrência era forte dos então bancos tradicionais. Os desafios despertavam ânimo de afirmação. Ao crescimento orgânico agregaram-se compras numa velocidade tal, que nos 10 primeiros anos já despontava na liderança.

Posfácio

Lázaro Brandão em sua mesa de trabalho, 4 mar. 1999. Osasco. A partir da esquerda: Carlos Alberto Rodrigues Guilherme, Milton Matsumoto, Luiz Pasteur Vasconcellos Machado, Roger Agnelli, Armando Trivelato Filho, Alcino Rodrigues Vieira de Assunção, Luiz Carlos Trabuco Cappi, Laércio Albino Cezar, Antônio Fernando Burani, Christoph Heinrich von Beckedorff, José Alcides Munhoz e José Guilherme Lembi de Faria. Foto de Clodoir de Oliveira. Acervo Bradesco

Toda esta laudatória para declarar que gerava oportunidades para me identificar com a luta que se travava e, ainda, se mantém, amoldando-me para subir progressivamente na carreira que escolhera espontaneamente. Galguei todos os cargos intermediários, assumindo a presidência executiva, seguida da participação no conselho e chegando a acumular a presidência executiva com a presidência do conselho. Posteriormente, transferi a presidência executiva e mantenho até hoje a presidência do conselho.

Parece-me que cabe declarar que o ingresso se deu no ano de 1942 e, portanto, completo 74 anos ininterruptos na mesma organização.

A lição que me parece lógica é que compensou largamente embrenhar-me nos conhecimentos e execução de tarefas dentro dos objetivos da organização. O fundamental para ascensão se reflete na dedicação de corpo e alma e espírito aberto para mudanças de paradigmas nas fases mais agudas do embate.

Perfil de Lázaro de Mello Brandão

Noventa anos. Nascido em Itápolis (SP). Economista e administrador de empresas. Casado, três filhas, um neto. Presidente do Conselho de Administração do Bradesco, onde iniciou atividade profissional em 1942. Era Casa Bancária Almeida & Cia., na Cidade de Marília. Acompanhou a transformação para banco em 1943.

Em 1946, transferiu-se para a capital do estado, no centro bancário.

Em 1953, fixou-se na atual sede administrativa, em Osasco, interior do estado, na batizada Cidade de Deus. Dedicou-se ao longo dessa jornada às mais variadas funções, tendo se dedicado com mais empenho nas reestruturações administrativas. Galgou a escala ascendente da hierarquia.

Em 1963, passou a compor a diretoria executiva.

Posfácio

Em 1981, assumiu a presidência executiva, e, em 1982, a vice-presidência do Conselho de Administração, passando à presidência do órgão em 1990, onde ainda se encontra.

Em ambos os cargos sucedeu ao mítico Amador Aguiar.